AF290657

… Wir können uns für den Weg zu einem erfüllten
Dasein entscheiden, wenn wir unsere Herzenswünsche
kennen lernen und verstehen, was uns wertvoll ist …

Tief im Herzen ruft uns etwas:
Lebe das Gute, Wahre und Schöne!

Lebe ein erfülltes Leben! Erfülle Deine Berufung!

Entdecken wir also unser Erfüllungsvermögen, ja,
unser Glücksvermögen, unsere Lebensaufgabe und
unsere Lebensmöglichkeiten!

Es ist nicht entscheidend, was wir gewesen sind –
es kommt einzig und allein darauf an, was wir werden
wollen.

Die Entscheidung liegt in uns – und will ins Leben!

Auszug aus: „Das Fortuna Prinzip"
von Dieter Mueller-Harju

Dieter Mueller-Harju

Agnes Mueller

Trotzdem
Mein erfülltes Leben ohne Bein und Hand

TUBUK.digital

Inhalt

Liebe ist die Antwort auf alle Fragen des Lebens

Vorbemerkung des Sohnes   8

1925 wurde ich dann geboren   12

Als mein Vater starb, glaubte ich nicht,

was ich sah ...   15

Meine Geschwister. Mein älterer Bruder, der Bock   21

Landverschickung   23

Schulzeit   28

Pflichtjahre   32

Es war ein ganz klarer, kalter Wintertag ...

dann war da so 'ne Wolke   47

Eines Nachts träumte ich: Eine Bombe

hätte in unser Haus eingeschlagen.

Wir sind alle in die Luft geflogen   56

Enttäuschungen: So war es leider, nach dem Krieg 77

... wieder gehen lernen.

Der Ruf nach Andernach 81

Andernach August 1945: Hoffnung und Neubeginn 87

Mein Mann Walter und Vater meines Sohnes 96

Sie sagten, dass ich kein Kind bekommen könnte 102

Köln und Bruder Heinz 109

Unsere erste gemeinsame Wohnung als Familie 112

... ich wollte lange keinen Mann –

Freundschaften und Liebe 114

90 Jahre: Was mir besonders wichtig war – und ist 132

Agnes, geboren um zu lieben

Nachbemerkung des Sohnes 139

Der Autor 151

Liebe ist die Antwort auf alle Fragen des Lebens
Vorbemerkung des Sohnes

„Für mich macht meine Biographie Sinn, da ich aufzeigen kann, wie man mit Lebenssituationen umgehen kann. Also, dass ich, trotz lebensgefährlicher, schlimmer Erfahrungen, in der glücklichen Lage war, immer alles anzunehmen, gleichgültig, was es war. Dass man mit seinem Schicksal nur dann fertig wird, wenn man dazu bereit ist und nicht verzweifelt. Guck, was ich alles annehmen musste und auch getan habe, sonst wär' ich nicht mehr da." Agnes Mueller

Ja, meine Mutter Agnes ist noch in diesem Leben. Am 2. Juli 2015 feierte sie ihren 90. Geburtstag. Sie geht bis zum heutigen Tage konstruktiv mit ihrem Schicksal als schwer Kriegsbeschädigte um – und das sind körperliche wie seelische Folgen des Krieges. Wir Kinder der Nachkriegsgeneration können dies nicht wirklich

nachempfinden. Ich, ihr Sohn bin nicht nur berührt, erstaunt, sondern vor allem dankbar und erfreut, dass meine Mutter, trotz ihrer schweren gesundheitlichen Beschränkungen immer noch das Leben positiv sehen kann. Keine Klagen oder Vorwürfe gegen andere.
Sie lebt ihr eigenes Leben, heute und nach vorne.
Für mich ist es wahre Lebensfreude, ja, auch das wertvollste Geschenk, Sohn einer solchen Mutter zu sein.

Ich möchte mit diesen biographischen Notizen, die ich in mehreren Gesprächen aufzeichnete, meiner Mutter Agnes von Herzen Danke sagen: Danke für mein Leben, für ihre Liebe, für ihre Begleitung, ihr Verständnis – auch dann, wenn sie nicht unbedingt begeistert von bestimmten Entscheidungen von mir war, beruflich wie privat.
Danke sage ich, für ihre Unterstützung in allen Lebenslagen bis zum heutigen Tage!
Danke Mutter, dass du so bist, wie du bist!!!
Meine Mutter hat mir Wertvolles für ein konstruktives Leben beigebracht, ja, vorgelebt, gelehrt, was ich auch in meiner Persönlichkeitsberatung, meinen Büchern

und heute in meiner „zauberbunten Kunst" weiter-
geben kann. Vor allem:

Wer nur zurückschaut, lebt in der Vergangenheit.
Wer Angst vor dem nächsten Tag, vor der Zukunft hat
verpasst sein Leben heute!!! Nur heute findet unser
Leben statt. Lebendig sind wir jetzt!

Wer den Augenblick lebt, knüpft seine Lebenskette als
ein fließendes Lebensband. Geht vorwärts.
Was immer Schlimmes uns widerfahren ist, sollte uns
das Heute nicht nehmen. Letztlich haben wir immer
nur den heutigen Tag, den wir leben können – und wie
schön ist es, wenn wir ihn lieben können. Leben ist
immer das, was wir selbst heute daraus machen.
Wir ernten morgen, was wir heute säen. Bewusst und
achtsam leben, ist das Fundament für ein zufriedenes
Leben.
Die Liebe zum Leben, ja, den Willen zum guten Leben
hat meine Mutter mit ihrem Lebensweg, bis jetzt
neun(!) Jahrzehnte gelebt. Wo ein Wille, da ein Weg –
auch das habe ich von ihr lernen dürfen! Am 2. Juli

2015 feierte meine Mutter in meiner Heimatstadt
Andernach am Rhein, mit Freundinnen und Freunden
ihren Geburtstag unter dem Motto:
„Aus Liebe zum Leben."

Von meiner Mutter, wie von meinem ebenso geliebten
Vater, der schon 2005 vorausgegangen ist, habe ich
gelernt und erlebt, dass Liebe die Antwort auf alle
Fragen des Lebens ist.

Die biographischen Notizen können nur einige, aber
wichtige Momente im Leben meiner Mutter Agnes
skizzieren. Für uns Jüngere werfen sie ein Licht auf ein
persönliches Schicksal einer Zeit, die für uns Kinder
der Nachkriegszeit in ihren persönlichen und see-
lischen Wirkungen im Dunkeln liegt. Wir schulden
unseren Eltern Respekt!

„Das Alter ist wie die Woge im Meer.
Wer sich von ihr tragen lässt, treibt obenauf.
Wer sich dagegen aufbäumt, geht unter."
Gertrud von le Fort

1925 wurde ich dann geboren

Ich war ein blaues Baby

Am 2. Juli 1925 wurde ich dann geboren in Sinzig am Rhein. Ich war ein blaues Baby, denn die Nabelschnur hatte sich dreimal um meinen Babyhals gewickelt. Eine tüchtige Hebamme erweckte mich doch noch zum Leben. Ich schrie mehrere Tage, da mich die Hebamme in ihrer Verzweiflung schwarz und blau geschlagen hatte, damit ich erwache. Schmerzhaft erwachte ich so zu meinem Leben.

Ich habe erfahren, dass ich mit großer Spannung von meinen Eltern erwartet wurde, nach drei Jungen endlich ein Mädchen! So war die Freude meines Vaters besonders groß, endlich eine Tochter zu haben. Meine Eltern hatten sich im Lazarett der Kriegsverletzten in Bonn kennengelernt. Das war 1915/16. Sie verliebten sich. Als es soweit war, dass er in die Heimat nach Pommern zurück konnte, wollten sie zusammenbleiben. Sie heirateten 1916. Es sind zunächst drei Jungen gekommen, wovon der Zweite mit drei Monaten an Lungenentzündung verstorben war.

Ich bin in eine arme Lebenssituation hinein geboren. Wir hatten da nur 'ne kleine Wohnung und wohnten bei der Großmutter. 1926 hatte mein Vater dann angefangen, ein Haus mit größten Mühen und ganz in Eigenarbeit zu bauen. Trotz seiner schweren Kriegsverletzung, die er im ersten Weltkrieg erlitten hat. Durch schwere Bajonettstiche hatte er eine verkrüppelte Hand. Ein Wadenschuss und schwere Kopfverletzungen machten das Leben meines Vaters sehr schwer. Ihm wurde aufgrund der Kopfverletzung eine Silberplatte im Schädel implantiert. Dennoch hielt ihn das nicht ab, unser Haus mit viel Eigenleistung zu bauen. Die Backsteine hat er alle selber gebrannt, trotz seiner Verletzungen. Wie das Haus im Rohbau soweit war, wohnten wir schon darin und hatten auch Ziegen, Schweine, Hühner. Hierfür bauten wir einen kleinen Stall im Hof. Wir alle dachten, dass wir jetzt gut versorgt sind und ein schönes Dach über dem Kopf, unser Heim für unsere Zukunft hätten. Es kam ja dann ganz anders. Ich kann mich erinnern, dass ich gute Brüder hatte und liebevolle Eltern und mein Vater ganz glücklich war, eine kleine Tochter zu haben. Er ist immer sonntags mit mir spazieren gegangen und wir schauten vom Hügel in Sinzig auf den Rhein den vorbeifahrenden Schiffen zu. Es war für mich eine runde, schöne, aber leider nur kurze Zeit. Mein Vater ist schon mit 36 Jahren gestorben. Ich war damals 4½ Jahre. Es war so:

Als mein Vater starb, glaubte ich nicht, was ich sah …

Mein Vater war durch seine schweren Kriegsverletzungen öfter krank. Trotzdem arbeitete er hart, um ein Haus für seine Familie zu bauen. Vater wurde 1930 dann schwer krank, es hieß Venenentzündung. Er ist nach Remagen ins Krankenhaus gekommen und war da ein paar Wochen. Er wurde dort behandelt und sollte bald entlassen werden.

Als mein Vater ins Krankenhaus musste, schlief meine Mutter in dieser Zeit oben bei uns im Kinderzimmer, weil sie ängstlich war. Am 7. Februar 1930 sollte mein Vater nach Hause kommen. Morgens um 6 Uhr sprang meine Mutter auf, ich kann mich noch genau erinnern, ich war 4½ Jahre. Sie schrie: „Dem Papa ist was passiert. Der hat mich gerufen!"

Es war ein Donnerstag und wir haben uns alle gefreut, dass er endlich nach Hause kommen würde. Eine Viertelstunde später war der Hausarzt bei uns. Er klingelte und hat gerufen. „Kommen Sie, Sie müssen nach Remagen. Ihrem Mann geht es gar nicht gut." Meine Mutter sagte: „Mein Mann hat mich gerufen, er ist tot." Sie ist dann aufgeregt hingefahren. Erst sagte man im Krankenhaus zu ihr, dass er an einem Gehirnschlag gestorben ist, da er ja eine schwere Kopfverletzung mit einer Silberplatte im Kopf hatte.

Aber dann hieß es auf einmal: Nein, er wäre nicht an einem Gehirnschlag gestorben, sondern er hätte eine Thrombose bekommen.

Man erzählte uns im Krankenhaus, dass er heute Morgen sich schon sehr auf zu Hause und seine Familie gefreut hatte, sein Köfferchen gerade gepackt hatte und dann plötzlich tot umgefallen sei.

Ein Professor kam, dann untersuchte er meinen toten Vater, um festzustellen, woran er gestorben war; denn er hatte ja noch mehrere Verwundungen. Die rechte Hand konnte mein Vater kaum bewegen, wie ich. Im Krankenhaus wurde nur eine Venenentzündung festgestellt. Es hieß auf einmal, er wäre nicht an seinem Kriegsleiden gestorben. Der Professor stellte fest, dass mein Vater durch einen Wadenschuss noch

eine Kugel in der Wade hatte, die wohl oxidiert war
und eine Embolie ausgelöst hat. Das hat man trotz aller
Untersuchungen nie festgestellt, obwohl in den Papie-
ren stand, dass er einen Wadenschuss hatte. Keiner ist
auf die Idee gekommen, dass die Kugel da noch drin
war. Mein Vater ist ständig nur auf Venenentzündung
behandelt worden. Dann wurde er seziert und die
Kugel wurde raus geschnitten. Erst nach seinem Tod ist
dies festgestellt und anerkannt worden, dass er an dem
Kriegsleiden, Wadenschuss, gestorben ist. Meine
Mutter bekam zumindest später etwas Kriegsrente.
Als ich ihn dann aufgebahrt im Wohnzimmer sah,
schrie ich: „Das ist nicht mein Papa!" Es war ein
schwerer Schock für mich. Dann hab ich gemerkt, er ist
nicht mehr da.
Das war alles sehr traurig und dramatisch, das ein-
schneidendste Erlebnis meiner Kindheit und für unsere
ganze Familie. Wir alle mussten damit fertig werden.
Unsere Familie ohne Vater

Mein Vater war erst 36 Jahre alt, als er starb. Mutter
war 34, ich 4½ Jahre – wir waren 3 Kinder und meine

Mutter zu diesem Zeitpunkt schwanger. Das Haus war noch nicht verputzt und auch sonst war noch viel am Haus zu tun. Meine Mutter hatte kurz nach dem Tode ihres Mannes Kindbettfieber bekommen und eine Fehlgeburt erlitten. Eine sehr schwere Zeit für sie und uns alle.

Mein ältester Bruder war 12 Jahre und hat versucht zu helfen, wo er konnte. So hatten wir ein Leben, das nicht so einfach war. Wir konnten uns vieles nicht erlauben. Es wurde angeschrieben beim Bäcker. Es war eine schlimme Zeit und Mutter war nicht in der Lage arbeiten zu gehen mit drei Kindern und den Arbeiten am Haus. Sie war eine vollkommen gebrochene Frau und weinte die erste Zeit nur noch. Wir mussten alle von der kleinen Kriegsrente leben.

Einer hat den anderen getröstet, doch Mutter konnte sich damit nicht abfinden. Die Feiertage, wie Weihnachten waren für sie und uns ganz schlimm. Sie weinte ständig. Es war für uns Kinder ein furchtbares Weihnachten. Aber es gab danach kein Weihnachten mehr, wo meine Mutter nicht am Weinen war. Vor allem war es ihr schwer, dass sie uns nichts schenken konnte. Für mich hatte sie mal was gehäkelt, aber mein Vater hatte immer für die Jungen gebastelt ... was jetzt nicht mehr ging.

Trost nach dem Tod meines Vaters

Wir waren auch sehr traurig, weil Mutter so traurig war. Aber wir hatten uns eher damit abgefunden, dass unser Vater tot war.

Ich war ein sehr lebhaftes, kreatives Kind, mit viel Phantasie. Dies half mir auch, meine Mutter nach dem Tod meines Vaters aufzumuntern. Obwohl ich selbst tieftraurig war und es gar nicht richtig verstehen konnte, dass mein Vater so jung gestorben ist, versuchte ich meiner Mutter Trost und Zuversicht zu geben. Diese Gabe durchzieht mein Leben bis heute.

Wir versuchten auch mit meiner Mutter zu singen, sie konnte wunderbar singen und auch mein jüngster Bruder hat wunderbar gesungen, viel gesungen, was uns alle tröstete.

Mit der Zeit lernt man ja dann, sich zu ändern. Wir waren Kinder, wir haben gespielt, wir hatten Freunde und Freundinnen und es war ja auch immer Leben im Haus. Es kamen auch andere Kinder, weil wir im Hof immer sehr schön spielen konnten und ich war eben ein Mensch, der voller Ideen war.

Das Leben ging nach dem Tod unseres Vaters weiter Im Sommer sind wir mit unserer Mutter Beeren pflücken gegangen, die wir verkauft haben und wir sammelten auch Pilze. Alles haben wir verkauft, Blaubeeren, Brombeeren. Das war das, was meine Mutter machen konnte, da mussten wir Kinder immer mit und manchmal schon vor der Schule. Mit den Rädern sind wir ein Stückchen in die Eifel gefahren. Meine Mutter hat damit ein schönes Zubrot gehabt. Dadurch konnten wir auch mal ein bisschen was einkaufen.

Ich war insgesamt ein sehr lebhaftes Kind das sehr fröhlich war und immer tolle Ideen hatte. Wir haben Theater gespielt bei uns im Haus. Auf dem Hof hab ich mich auch sehr an meinen jüngsten Bruder, weil das mein Lieblingsbruder war, geklammert und wirklich das Beste daraus gemacht. Wir hatten 'ne schöne Spielstraße bei uns in der Nähe und ich war fröhlich und zufrieden.

Meine Geschwister. Mein älterer Bruder, der Bock

Na, ja – mein ältester Bruder war von Anfang an immer eifersüchtig gewesen auf uns Kleinen. Er war fünf Jahre allein, weil der eine Bruder gestorben war. Heinz war ein richtiges Böckchen, ein richtiger Bock. Er hat meinen Eltern viel Kummer bereitet, weil er so eifersüchtig, vor allem auf den kleinen Bruder Josef, war. Er würde verwöhnt usw., was gar nicht stimmte. Leider provozierte er oft und war ungerecht, so dass er Schläge bekam. Aber sicher war es für ihn schwer zu verstehen, warum er so handelte. Er war ja schon 12 Jahre, als ich kam. Ich hatte ihn aber auch lieb. Leider blieb er auch sein ganzes Leben bockig. Aber das ist sein Leben.

Jeder von uns drei Kindern hat seine Begabung gehabt, mein jüngster Bruder Josef konnte wie ich gut malen und der ältere Bruder Heinz hatte wieder andere Qualitäten.

Er interessierte sich von Anfang an für Technik.

Ich war eine gute Turnerin, die sich unheimlich gerne bewegt hat. Wenn ich eine Stange oder Ast gesehen habe, habe ich mich dran gehängt und bin geschwungen, mein jüngster Bruder mit mir. Der ist auch auf die Bäume geklettert, da war kein Baum hoch genug.

Wir haben viel am Lehnbach und am Mühlberg getobt. Neben uns war auch gleich eine Sackgasse, wo wir herrlich spielen konnten, da kein Auto fuhr.

Und da ich ja immer voller Ideen war, was spielen anbelangte, übte ich vor allen Dingen mit den Nachbarskindern Theater ein, König Drosselbart und Rumpelstilzchen und lauter solche Sachen haben wir vorgeführt. Die Eltern kamen gucken und gaben uns ein bisschen Eintritt. Das war eine wunderschöne Zeit.

Landverschickung

Ich nahm mir, was mir gut tat

Dann sind wir herangewachsen, aber ich durfte nie irgendwo hin. Ich war so ein kleines Mädchen und durfte nie weg in so 'ne Landverschickung, wenn der Landarzt kam. Obwohl es nach einer Untersuchung durch den Landarzt immer hieß: „Du musst mal weg, du brauchst mal Luftveränderung, du musst mal ein bisschen kräftiger werden. Du bist so ein kleines Ding. Geh mal zu Deiner Mutter, ob Du das darfst."
Aber sie hat immer nein gesagt, weil wir kein Geld dafür hatten. Sie sagte: „Ich kann dir keine neuen Kleider kaufen. Ich kann dich mit den geschenkten Sachen so nicht mitschicken."

Als ich 13 Jahre war, 1938, kam wieder der Landarzt, ich glaube, Kreisarzt nannte man das. Er sagte wieder, eine Landverschickung würde mir so gut tun. „Geh mal

deine Mutter fragen und dann gehst du zum Hausarzt,
dann leiten wir das in die Wege." Ich hab aber einen
Bogen gemacht und bin nicht zu meiner Mutter
gelaufen. Ich wusste ja ohnehin, was sie sagen würde
und bin gleich zum Hausarzt und hab gesagt, er soll
mich untersuchen, ich müsste in Erholung, das hätte
der Kreisarzt gesagt. Das hat dann auch geklappt.
Meine Mutter hat es doch fertiggebracht, mir ein paar
neue Schuhe zu kaufen und ein Kleidchen und ich war
freudestrahlend, dass ich auch mal weg konnte.
Ich bin ins Saargebiet gekommen, da waren auch noch
andere kleine Kinder mit, ich war eine der Älteren.
Das waren wunderschöne fünf Wochen.

Aber es begann dann so, dass ich meine „Strafe", da ich
ja meine Mutter nicht gefragt hatte, direkt bekam. Alle
Kinder wurden auf dem Markt vom Bus ausgeladen.
Die Pflegeeltern, wo die Kinder hinkommen sollten,
standen alle da. Wir hatten vorher Bescheid
bekommen, wo wir hin sollten. Bei mir stand drauf, ich
käme auf die Post, da wäre ein kinderloses Ehepaar
und die würden immer ein Ferienkind nehmen. Alle

Kinder wurden bereits abgeholt und plötzlich war ich ganz allein da. Da hieß es auf einmal: „Wir haben kein Quartier für dich. Die Frau ist diese Nacht gestorben. Der Mann kann dich jetzt nicht nehmen!" Da stand ich da und dachte: „Jetzt hast du deine Strafe, weil du geschwindelt hast, weil du unbedingt weg wolltest." Da habe ich da gestanden, mit Tränen in den Augen. Ein Mädchen und ein Junge standen auch da und sind zu mir gekommen. Ich solle nicht weinen und sie sind schnell nach Hause gelaufen, sie wohnten ganz in der Nähe. Die Familie hatte fünf Kinder, einige davon waren schon groß. Die beiden kamen dann mit ihrer Mutter zu mir.

Ich hörte, wie sie fragten: „Wo ist das Mädchen, die nehmen wir, wo fünf satt werden, da wird auch noch jemand satt." Die Familie hatte ein Geschäft gegründet, eine Limonadenfabrik und ein Gemischtwarengeschäft. Ich bin da so schön verwöhnt worden und durfte sogar verkaufen. Ich war da erst 13 Jahre. Ich hab eine wunderbare Zeit dort erlebt.

Der Sohn der Familie war 18 Jahre und hatte sich scheinbar in mich verliebt. Aber das ist alles später raus gekommen. Zehn Pfund habe ich in dieser Zeit zugenommen.

Ich durfte mir jeden Morgen Aufschnitt kaufen gehen, für mich alleine und zwei Brötchen essen, damit ich etwas zunehme. Die Frau saß immer dabei, eine Seele von Frau. Der Mann war etwas streng, aber hat mich auch immer mitgenommen, wenn er auf Fahrt ging und Limonade verteilte an die Geschäfte. Er war auch ein ganz netter guter Mann.

Er sagte: „Aber das eine sag ich Dir, Du darfst nie weggehen irgendwohin, du darfst auch nicht baden gehen." Aber es war ja Sommer. Weil an einem Tag es sehr heiß war, und eine Frau fragte, ob ich mit zum baden gehe, dachte ich, keinem Bescheid sagen zu müssen. Dann hat mich aber der Mann meiner Gastfamilie gesucht. Als er mich gefunden hat, hab ich eine Backpfeife von ihm bekommen. Er habe ja gesagt: „Du darfst nicht allein schwimmen oder baden gehen." Die haben sich alle aufgeregt und mich gesucht, obwohl die Nachbarin dabei war. Das war doch schlimm. Nachher war's dann wieder gut. Ich wollte auch immer die Haare abgeschnitten haben. Die Pflegeeltern meinten, da müsste ich meine Mutter fragen. Also habe ich es gelassen.

Auf jeden Fall hatte ich es erreicht, dass ich in Erholung gekommen bin und das ist für mich immer eine schöne Erinnerung gewesen. Es war eine wunderschöne, erholsame Zeit im Saargebiet und ich habe so zugenommen, dass meine Mutter an mir vorbei gegangen ist, als ich zurückkam. Zehn Pfund und solche Backen hab ich gehabt.

Der 18-jährige Sohn der Familie hatte zu mir oft gesagt: „Ich werde mal mit dem Fahrrad kommen und euch besuchen." Tatsächlich hat er mich dann gar mit der ganzen Familie in Sinzig besucht, und auch die Schwester, die in Rheinbach bei Bonn wohnte. Sie war auf einer Kunstschule und besuchte uns oft zum Wochenende. Es entwickelte sich eine wunderschöne Freundschaft. Ihr älterer Bruder war nachher Soldat in Frankreich und hat mir immer geschrieben.

Er schickte mir ein wunderschönes rosa Tuch und hat geschrieben, ich soll auf mich aufpassen, weil so viele Bomben fielen.

Schulzeit

Von Anfang an habe ich nicht richtig gehört

Na, ja, meine Schulzeit war schlimm; denn eine Lehrerin hatte nichts Besseres zu tun, als mich zu unterdrücken – warum auch immer. Ich hatte große Probleme hohe Töne zu hören, ich habe eigentlich nie Vögel zwitschern gehört. In der Schule verstand ich häufig nicht, was die Lehrer sagten. Aber vor allem die eine Lehrerin ist nie darauf eingegangen, wenn ich etwas nicht verstanden habe. Ich hatte total falsch geschrieben, da ich nicht hörte, was sie sagte. Aber dann hatte ich zwei andere Lehrpersonen gehabt, einen Lehrer und eine Lehrerin. Beide Lehrer haben gemerkt, dass ich nicht richtig hören konnte und haben das dann berücksichtigt. Sie hatten festgestellt, dass ich keine hellen Töne verstehen konnte, keine Vögelchen hören. Die freundlichen Lehrer haben mir gesagt, ich soll auf die Mundbewegungen von ihnen aufpassen, wenn ich was nicht verstehe, soll ich mich melden. Dadurch hab ich Freude an der Schule bekommen; denn bis dahin war es für mich eine Tortur, da ich nichts verstanden habe.

Ja und der eine Lehrer wollte gar, als er meine vielen Zeichnungen und meine Kreativität erkannte, dass ich Modezeichnerin werde. Da hab ich ein wunderschönes Zeugnis bekommen.

Aber ausgerechnet in der letzten Klasse habe ich wieder diese komische Lehrerin bekommen, die mich völlig ignorierte.

Die hat mich auch einmal so blamiert vor der ganzen Klasse. Ich hatte die Hände vom Ballspielen schmutzig, da hat die mich vor allen in der Klasse bloßgestellt und nach Hause geschickt, ich sollte meine Hände waschen. Das müsste meine Mutter sehen. Diese Lehrerin war eine ganz schlimme Frau.

Nein, die Schulzeit hat mir trotz meiner Neugierde, etwas zu lernen, keine wirkliche Freude gemacht, da diese Lehrerin es mir nicht gönnte. Aber auch die Mitschüler machten mir die Schulzeit schwer und wir hatten kein Geld.

Ich habe oft vorgeworfen bekommen: „Du hast ja gar keinen Vater." Wenn ich Gebühren mitbringen musste, für irgendetwas, konnte meine Mutter mir das nicht geben. Wenn Fahrten waren, musste ich immer zurückstecken. Diese Lehrerin hatte dafür überhaupt kein Verständnis. Das hat mich sehr belastet und auch nicht richtig groß werden lassen.

Dennoch haben die beiden anderen Lehrer mir sehr weiter geholfen. Ich hatte sie aber nur zu kurz.

Diese schlimme Lehrerin habe ich, nachdem ich aus Sinzig weg war, einmal getroffen. Da hatte ich mir einen Mantel selber genäht. Das war aus einer so feinen Decke, die ich mir dunkelblau färben habe lassen. Daraus hatte ich mir einen Mantel gemacht und diesen noch selber bestickt. Ein richtiger Designermantel. Alle haben den Mantel bewundert. Da kam ich in ein Geschäft und ausgerechnet diese Lehrerin erkannte mich und sagte zu mir: „Du warst ja immer so geschickt in allem." Ich hab die angeguckt und gedacht, das darf doch nicht wahr sein.

Aufgeblüht: Ende der Schulzeit

Als ich aus der Schule 1939 kam, war ich 14 Jahre. Nicht mehr in die Schule gehen zu müssen, lies mich aufblühen, ohne den Druck der Schule konnte ich endlich wachsen. Zum Ende der Schulzeit wurde ich noch einmal zur Untersuchung geschickt, um in Erholung fahren zu können. Aber der Arzt meinte, wie ich mir das vorgestellt hätte, ich wäre prima dran, ich sei doch gewachsen und ich würde so gut aussehen. Nein, meinte er, ab in das Pflichtjahr, ich bräuchte nicht in Erholung.

So bin ich ins Pflichtjahr gekommen. Ja, ich fand auch, dass ich mich gut erholt hatte, und war froh, dass die Schule hinter mir war.

Pflichtjahre

Erste Stelle – schlimm

Ich kann da nur sagen, das war so eine schlimme Pflichtjahrstelle. Es war im August 1939. Mir wurde gesagt, da wäre eine ältere Frau, bei der ich viel lernen könnte. Sie war Hebamme, ihr Mann war Friseur, sie hatten ein Geschäft, zudem hatten die noch eine Kohlenhandlung, was man gar nicht glauben konnte. Ich, ein Mädchen von 14 Jahren, sollte dort überall arbeiten. Eine alte Dame, die da wohnte, war froh, dass jetzt mal jemand da war und sie ist dann weggefahren zu Verwandten. Ich war plötzlich alleine. Ich sollte mit 14 Jahren kochen, im Geschäft da sein und die Kohlenhandlung bedienen. Es war so unglaublich. Und die Hebamme war die ganze Zeit weg. Da ging plötzlich am 1. September ein Brief mit der Kriegsmitteilung und Aufforderung, Quartier für Soldaten zu stellen, ein. Darauf hat die Frau geschrien: „So, jetzt könnt Ihr alle

nur noch weniger Brot haben." Sie hat dann Brot eingeteilt von Anfang an. Es war so eine schlimme Zeit
und ich war froh, wie ich mal nach vier Wochen nach
Hause durfte, an einem Sonntag. Sie nahmen mir auch
mein Zimmer weg, das ihrer Tochter gehörte. Sie ist
aber schon mit 10 Jahren gestorben. Das Zimmer haben
zwei Soldaten bekommen – sie mussten in einem Bett
schlafen. Dafür haben sie auch Geld bekommen.
Ich musste ab da auf einem ganz alten Sofa schlafen,
abends ist der Opa immer umhergewandert. Was mich
etwas beängstigte, aber er hat mir nichts getan. Der
Opa konnte wohl nachts nicht so gut schlafen und lief
durch alle Zimmer. Aber es war beunruhigend. Ich war
so fertig. Bekam nicht genug zu essen, musste hun-
gern, es wurde alles aufgeteilt. Angeblich war nicht
mehr genug da.

Ich bin dann nach Hause gefahren und habe zu meiner
Mutter gesagt: „Mama, ich gehe da nicht mehr hin.
Wenn du mich zurückschicken willst, gehe ich in den
Rhein. Ich kann das nicht mehr machen." Meine
Mutter hat sich alles aufgeschrieben, sie war ja eine

sehr gute Schülerin, Klassenbeste, sie war eine sehr intelligente Frau. Sie meinte: „Wenn das alles wahr ist, was du mir jetzt gesagt hast, dann brauchst du da nicht mehr hin. Ich will jetzt sofort mit dir hinfahren."

Sie stellte die sogenannten „Pflichtjahreltern" zur Rede: „Ist das so, wie meine Tochter gesagt hat: Ja oder Nein? Sie brauchen nur mit Ja oder Nein antworten."

Die wollten uns abwimmeln, aber ich habe alles ganz genau gezeigt, was ich dort tun musste und wie ich untergebracht war, auch wie wenig ich zu essen bekommen habe, obwohl die genug für sich hatten. Das hat dort sonst noch nie jemand gemacht, außer mir. Meine Mutter sagte: „Ich werde dafür sorgen, dass sie nie mehr ein Pflichtjahr-Mädchen bekommen." So soll es dann auch gewesen sein.

Als ich da weg war, hat meine Mutter mir die nächste Pflichtjahrstelle gesucht.

Zweite Stelle – auch nichts

Ich bin dann nach Remagen in eine Pension. Aber auch

dort musste ich nur spülen und war nur Zimmermädchen für 5,- Mark im Monat. Ich habe aber nichts gelernt, musste von Anfang an arbeiten. Auch Kochen habe ich nicht gelernt. Pflichtjahr war eigentlich dazu gedacht, dass die Kinder hauswirtschaftlich ausgebildet werden in allem, jedes Vierteljahr woanders. Das war eben im Dritten Reich so, dass die Mädchen ihren Haushalt führen konnten, und Kinder kriegen sollten usw. Aber wir waren nur billige Arbeitskräfte. Auch diese zweite Stelle habe ich mit Hilfe meiner Mutter bald verlassen – mir ging es sehr schlecht dort.

Dritte Pflichtjahrstelle war eine ganz Besondere: Ochsenfurt

Wir haben in unserem Haus auch Soldaten einquartieren müssen. Es war ja Platz genug. Und da sind zwei Soldaten bei uns eingezogen. Einer davon war schon 46 Jahre alt. Anton hieß er und hatte eine Gärtnerei in Ochsenfurt. Anton hatte einen Antrag laufen, weil er einen Betrieb hatte. Er beantragte die Entlassung aus dem Wehrdienst, um seine Gärtnerei zu betreiben und damit auch mit für Nahrung zu sorgen. Das wussten wir. Er war ein ganz netter Kerl. Seine Frau hat ihn einmal acht Tage besucht, und natürlich hat auch sie die Kochkünste meiner Mutter sehr genossen. Ich habe sie gekämmt, weil ich so geschickt war. Sie sagte dann einmal: „So ein Mädel möchte ich auch haben. Du könntest sofort zu uns ins Pflichtjahr kommen." Sie hatten keine Kinder. Es war noch ein Soldat bei uns, auch ein ganz toller Mann. Beide haben zu mir gehalten und einen Plan ausgeheckt, wenn Anton entlassen wird, wie ich mit nach Ochsenfurt kommen könnte.

Meine Mutter wollte mich aber nicht weglassen. Dann habe ich etwas ausgeheckt, damit ich aus der Pflichtjahrstelle in der Pension herauskomme. Ich fuhr jetzt immer zu meiner Tante nach Remagen. So hatte ich immer ein Alibi für meine Mutter, dass ich zur Pension gefahren sei. Ich bin morgens immer brav zum Zug gelaufen – aber nicht mehr in die Pension gefahren. Die von der Pension haben dann meiner Mutter geschrieben: „Wir können uns nicht mehr auf ihre

Tochter verlassen, warum fehlt die so oft?" Meine Mutter fiel aus allen Wolken, weil ich ja jeden Morgen zur Bahn gelaufen bin – aber ich war ja immer bei meiner Tante und habe mit meinem Cousin gespielt, der 7 Jahre jünger war als ich. Meine Tante hatte dicht gehalten.

Als ich nach Hause kam, zeigte mir meine Mutter den Brief von der Pension und sagte: „Guck mal her, was bedeutet das? Was kannst du mir dazu sagen? Wo warst du, du bist doch immer morgens weggefahren." Die beiden Soldaten waren dabei - Gott sei Dank. Die haben sich auch gut mit meiner Mutter verstanden und einer hat sich vor mich gestellt.

Er sagte zu meiner Mutter: „Wir sind schuld, du kannst uns schlagen, aber nicht das Kind. Jetzt sei doch mal vernünftig und lasse das Mädel doch mal dort hingehen, wo es ihr gut geht und sie nicht ausgenutzt wird, wo sie wie eine Tochter aufgenommen wird und alles lernt. Lasse sie doch mit uns in die Gärtnerei nach Ochsenfurt kommen. Da gibt es eine Putzfrau, eine Waschfrau. Sie wird dort alles lernen, was sie auch in der Hauswirtschaft braucht. Auch wird sie in der Gärtnerei arbeiten können." Ich wollte ja auch so liebend gerne in einer Gärtnerei etwas lernen.

Meine Mutter hat nachgegeben und ich konnte mit nach Ochsenfurt, nachdem Anton seinen Antrag genehmigt bekommen hat.

Ich habe eine wunderschöne, lehrreiche Zeit dort verbracht. Das Wohnhaus war am Main und auf der anderen Seite war die Gärtnerei. Ich konnte sehen, wenn jemand über die Mainbrücke ging. Auch hat mich meine Pflichtjahrfamilie ins Theater nach Würzburg mitgenommen. Das erste Mal in meinem Leben habe ich Operetten miterlebt – ja, ich hatte eine wunderschöne Zeit gehabt.

1940 bin ich nach Ochsenfurt und war 1¼ Jahre dort. Es war so schön und die Familie wollte mich ganz bei sich haben – und mir sogar eine Lehre als Modistin ermöglichen. Sie hatten schon eine Stelle für mich gefunden. Aber meine Mutter sagte: „Ich warte so lange auf dich und freue mich, wenn du wieder hier bist. Das kannst du mir doch nicht antun, dass du nicht zurückkommen willst." Ich liebte meine Mutter – und so hat mir das leidgetan. Dennoch, ich wollte hier in Ochsenfurt bleiben. Mir ging es doch so gut hier. Ich hatte viele Freunde, mit denen ich viel unternommen hatte.

Ich lernte kochen und wie man einen Haushalt führt. Da sie eine Putzfrau und Waschfrau hatten, brauchte ich keine groben Arbeiten erledigen. Mir wurde aber alles gezeigt. Kochen musste ich öfter, weil sich Antons Frau oft verplaudert hat. Dann hat sie oft an der Treppe gerufen: „Hast du was gekocht, hast du was gekocht?" Zwei Kriegsgefangene waren als Arbeitskräfte in der Gärtnerei, die sie aber ganz menschlich behandelte und wir saßen alle gemeinsam in der kleinen Küche. Sie hat mir das Kochen sehr gut beigebracht. Wenn ich gemerkt hatte, dass es wieder Zeit war, dann habe ich immer was gekocht, damit alle mittags satt wurden.

Meine Mutter schrieb: "Ich habe jetzt auch eine Stelle für dich. Bitte komm nach Hause! Lasse mich jetzt

nicht allein. Ich hab mich so darauf gefreut, dass du
kommst."

Meine Mutter konnte schlecht loslassen. Sie hat dann
nach meiner Amputation zu mir gesagt, dass sie es
bereut, mich so festgehalten zu haben – aber sie
konnte halt nicht anders. „Hätte ich dich doch nur
gehen lassen."

Statt Ausbildung zur Hutdesignerin:
Hauswirtschaftslehre und Diätassistentin

Ich ging dann wieder schweren Herzens zurück nach
Sinzig zu meiner Mutter, um bei ihr zu sein.
Sie hatte eine Ausbildungsstelle in einem sehr schönen
Salon. Ich hatte drei Monate Probezeit. Im Salon waren
sie gleich von mir begeistert – und ich war sofort
Hutmodell. Ich musste alle Hüte anprobieren und die
Salonbesitzerin hat gleich mein Geschick bemerkt.
Sie waren sehr zufrieden mit mir und meinten, dass
ich ein großes Talent hätte. Wie die drei Monate herum
waren, hatte aber meine Mutter was dagegen, dass ich
Hutmacherin werde. Sie meinte: „Modistinnen ver-

dienen das Salz in der Suppe nicht. Du wirst bestimmt mal heiraten, Kinder kriegen. Was willst du denn als Hutmacherin?" Sie habe sich jetzt schon mit so vielen unterhalten und die meinten: Lass das Mädchen das bloß nicht lernen, in dem Beruf verdient man nichts. Jetzt war es dann soweit, mein Lehrvertrag war vorbereitet und sie sagten mir, dass meine Mutter diesen unterschreiben kann. Aber Mutter war inzwischen da, und hat nicht unterschrieben. Ich wurde nach Hause geschickt. Sie hatte es mir vorher aber nicht gesagt. Das war für mich ein Schock, ich bin dann weinend da raus.

Ich war so motiviert gewesen. Ein Lehrer, den ich ein Schuljahr hatte, entdeckte mein Maltalent und er hatte mich in der Klasse sehr gelobt. Oft, wenn Regenwetter war, malte ich Modelle. Ich habe einen ganzen Stoß wunderschöner Entwürfe. Als Modezeichnerin hätte ich 3 Jahre Schneiderin und 3 Jahre Schule machen müssen. Aber meine Mutter hat es mir verboten. Danach ist sie mit mir zum Arbeitsamt und hat sich da beraten lassen. Sie wollte, dass ich eine

Ausbildung als Köchin oder Kindergärtnerin antrete, also einen richtigen Frauenberuf. Da gibt es fünf Kategorien, sagte der Mann vom Arbeitsamt. Da kann ihre Tochter auswählen. Sie muss jetzt eine 2-jährige Hauswirtschaftslehre machen mit staatlichem Examen. Sie muss dann nur noch ein Praktikum absolvieren, danach ist sie Hauswirtschaftsmeisterin. Mir blieb ja keine Wahl und habe das dann auch gemacht. Ich habe mich für ein Jahr Diätpraktikantin in einer Diätküche entschieden und dachte, das könnte mir bestimmt passen.

Und dann habe ich meine Hauswirtschaftslehre gemacht. Ich hab eine sehr gute Ausbildung gehabt in der Hauswirtschaft. Es war eine sehr gute Meisterin, die mich da in Sinzig ausgebildet hatte. Zwei Jahre war ich da. Meine Mutter sagte: „Mach das, dann kannst du nachher Diätküchenleiterin werden." Ich hab dabei immer geturnt und hab Freundinnen gehabt und hatte eine wunderschöne Zeit.
Nach dem Examen musste ich ein Praktikum machen. Ich habe zwei Praktikantinnenstellen angeboten

bekommen. Wir sind zuerst nach Ahrweiler ins Kloster, doch Klosteratmosphäre wollte ich nicht.

Praktikum im Hotel Villa Krupp Bad Neuenahr

Dann sind wir nach Bad Neuenahr zum Hotel Villa Krupp. Das ist ein Privathotel mit Patienten, die versorgt werden müssen, ohne Gäste von außen. Das war sehr fein. Wir wurden in den Salon geführt. Ich war sehr chic angezogen, meine Mutter auch. Die Hoteliers waren direkt begeistert, als sie hörten, was ich schon hinter mich gebracht hatte, meine Zeugnisse und auch mein Alter, ich war schon 18 Jahre, fanden sie gut, weil ich schon selbständig war. Sie sagten, dass sie zwar schon jemandem zugesagt hätten, würden aber dieser absagen, weil ich schon selbständig arbeiten könnte und auch die Buchführung machen könnte.

Das habe ich jeden Abend machen müssen und vor allen Dingen musste ich die Rezepte auswerten, die die Patienten von ihrem Arzt bekommen hatten. Mir machte es Spaß nach den Rezepten genau auszurechnen, was sie essen durften. Wie viel Gramm Kartoffeln, wie viel Gramm Butter, wie viel Gramm Brot usw. Wir hatten ganz tolle Ergebnisse. Auch mussten wir die Patienten bedienen. Da war noch ein Mädchen dazugekommen, eine 15-jährige, die noch gar keine Ahnung hatte. Wir haben uns beim Bedienen abgewechselt. Ich war sehr temperamentvoll und hatte mir öfter mal Streiche ausgedacht. Die anderen, die wollten auch alle frisiert werden, da habe ich denen die Haare frisiert. Trotz meiner vielen Arbeit. Die Philomena, ein Zimmermädchen, sagte: „Tu mir mal ein Hochzeitskleid entwerfen. Wenn mein Verlobter jetzt kommt, wollen wir heiraten."

Das Hotel hat mich auch das ganze Jahr über beschäftigt, nicht nur saisonweise. Die anderen wurden im Herbst, wenn die Saison vorüber war, nach Hause geschickt. Da sie sehr zufrieden mit mir waren und ich im Dezember nicht noch irgendwas anderes machen musste, beschäftigten sie mich weiter. Auch wollten sie, dass ich bald schon die Prüfungen machen kann, da ich ja schon älter war.

Aber ich hatte sehr wenig Freizeit. Alle 14 Tage
Sonntagnachmittag und alle 14 Tage einen Donners-
tagnachmittag von 14 bis 18 Uhr. Das kann sich heute
keiner mehr vorstellen, wie das alles war. Abends war
ich nie weg, da ich auch abends immer da sein und die
Buchführung machen musste. Jeden Tag musste ich
nach den Rezepten die Diäten für die Patienten be-
rechnen. Es war alles mir überlassen und ich musste
abends, wenn noch Kurgäste kamen, da sein.

Ab April 1943 war ich in Bad Neuenahr. Es gefiel mir
trotz der vielen Arbeit gut und ich fühlte mich wohl
dort. Abends und morgens um 6 Uhr musste ich unten
sein, machte Frühstück, deckte die Tische, weil wir ja
ein Privathotel waren, haben wir auch die Gäste
bedienen müssen. Da war ein Mädchen, die Köchin
lernte, die musste das auch mitmachen. Im Hotel gab
es eine Kochfrau, die Gemüse putzte. Ich brauchte
nicht spülen. Ich war nur für das Silber zuständig. Mit
der Chefin habe ich zusammen am Tisch gegessen,
während die Angestellten und die Zimmermädchen
weiter weg waren. Das fand ich nicht so gut, aber es

war die Anerkennung meiner Chefin für meine Leistungen. Ich habe mit den anderen oft Blödsinn gemacht und wir hatten uns dann ausgepustet vor Lachen. So war es mit den anderen auch ein schönes Verhältnis.

Es war trotz Krieg zunächst eine schöne Zeit, wo ich viel lernte und gut zurechtgekommen bin.

Bis dann die Bomben fielen. Dies zerstörte auch meinen beruflichen Weg völlig und warf mich aus meinem gesunden Leben.

Es war ein ganz klarer, kalter Wintertag …
dann war da so 'ne Wolke

6. Oktober 1944 – Jagd auf Zivilisten – britische Jabos in Bad Neuenahr

Dann war der 5. Oktober 1944. Weil ich immer zu kleine Schuhe hatte, es gab ja nichts im Krieg, bin ich wegen meiner Hühneraugen mal zu einem Hühneraugenspezialisten. Er half mir sehr und machte die Hühneraugen weg, endlich wieder ohne Schmerzen Schuhe anziehen können!

Am anderen Tag war ich geschockt, da das russische Mädchen, das auch im Hotel arbeitete und mit der ich mich angefreundet hatte, abgeholt und in eine Munitionsfabrik geschickt wurde. Wir hatten jetzt nur noch fünf Kurgäste, da ja im Oktober immer Saisonschluss war. Es waren nur noch ein paar Privatpatienten da, die auch im Winter bei uns blieben.

Am Freitag, den 6. Oktober, war es ein ganz klarer, kalter Wintertag. Das große Speisezimmer wurde winterfest gemacht, Teppiche aufgerollt, sauber gemacht. Es wurde nur noch das kleine Esszimmer gebraucht. Das Zimmermädchen Philomena, die sich schon sehr auf ihren zukünftigen Mann freute und für die ich ein Hochzeitskleid genäht hatte, sollte die Teppiche klopfen. Ich wollte sie unterstützen und bin gerne mit ihr raus, auch um ein paar Äpfel zu essen im Garten. Auch musste ich für die Küche einige Kräuter noch holen.

Meine Chefin rief aber, ich sollte nicht mit, ich müsste noch was fertig machen, für ein paar Leute. Doch das hatte ich schnell gemacht und bin mit Philomena raus in den Garten. Während wir mit dem Handwagen, auf den wir die Teppiche gelegt hatten, in den Garten sind, war auf einmal Voralarm.

Ich hatte ja nie Angst, weil ich gedacht habe, Bad Neuenahr war ja Lazarettstadt. Hier dürfen sie keine Bomben werfen, die dürfen hier nichts machen. Bis dahin war auch noch nie was passiert in Bad Neuenahr, ich hab mich vollkommen sicher gefühlt. Obwohl schon mal nachts Alarm war, ging ich da ohnehin nie raus.

Und dann bin ich mit ihr in den Garten. Da war so 'ne Wolke und ich hab geguckt und gedacht: „Na ja, es ist nichts zu sehen." Aber auf einmal stürzte aus dieser Wolke so ein britischer Jabo (Jagdbomber) herunter. Das waren die, die auf einzelne Leute, Zivilisten geschossen haben. Ich stand da wie angewurzelt und dachte Erdbrocken von der Wiese würden über mich fallen. Es waren aber Schussverletzungen aus dem Maschinengewehr des Jabos, die sich über meinen ganzen Körper verteilten, Rücken, Schulter und dann hörte es auf.

Während sich das Zimmermädchen hinter die Büsche gelegt hatte vor lauter Angst, stand ich da mitten auf der Wiese wie angewurzelt. Als die Maschinengewehrsalven aufhörten, dachte ich: nur weg, nur weg! Anscheinend sah der Pilot, dass ich mich noch bewegte und in diesem Moment klinkte der Pilot noch zwei Bomben aus. Sie schlugen nur ein paar Meter neben mir ein und ich dachte, der Luftdruck würde mir die Lungen zerreißen. Es war furchtbar. Dann merkte ich, dass sich mein Bein nicht mehr bewegen ließ. Mein Bein hatte keinen Halt mehr, ich bin dann gefallen. Ich habe versucht aufzustehen, aber ich konnte es nicht mehr. Immer wieder bin ich hingefallen. Ein schwerer Bombensplitter hatte mir das Knie zerschmettert und das war der Grund, warum ich nicht mehr hoch kam. Danach bin ich ohnmächtig geworden. Ich habe phasenweise immer wieder gehört, bringt die Verwundete zum Arzt. Ich war immer wieder weg. Man hat mich ausnahmsweise im Kriegslazarett aufgenommen, weil ich keinen Transport nach Ahrweiler überstanden hätte. Eine andere Frau aus dem Nachbargarten hat die Fahrt nach Ahrweiler nicht überlebt und das Zimmermädchen Philomena war durch die Bomben getötet worden. Da bei diesem Angriff zwei Tote waren, wurde ich ins Kriegslazarett gebracht. Ich hatte einen schweren Blutverlust und bekam drei Tage nichts mit. Damals gab es noch keine

Intensivstation. Eine Nonne saß bei mir und hat versucht, dass ich weiter atme, ich versuchte, auch immer ein bisschen zu atmen. Es waren tüchtige Ärzte in dem Kriegslazarett, die sich um mich gekümmert hatten. Ich wäre bald verblutet und gestorben, weil ich eine seltene Blutgruppe habe: AB. Da war nur ein Feldwebel mit der gleichen Blutgruppe und um diesen aufzu-treiben, ist einer mit dem Auto stundenlang durch den Ort gefahren und hat nach dem Feldwebel gesucht. Nachmittags um halb vier haben sie ihn dann aufgegabelt. Er war ein feiner Kerl und hat mir sein Blut gespendet. 1944 gab es keine Blutkonserven.

Und dann hat man festgestellt, dass ich Wundbrand hatte und ganz schnell amputiert werden musste. So verlor ich mein rechtes Bein, denn mit Wundbrand kommen unter 100 nur einer durch.
Nach einem Monat musste ich raus aus dem Kriegs-lazarett. Als ich so weit transportfähig war, musste ich das Lazarett verlassen, weil ich dringend nachampu-tiert werden musste. Da hat man mich nach Remagen gebracht.

Durch den hohen Blutverlust war ich zunächst sehr verwirrt. Meine Mutter konnte acht Tage gar nicht zu mir. Die Ärzte wussten nicht, ob sie mich durchbringen konnten und wollten nicht, dass meine Mutter dabei ist. Ich hatte nur phantasiert, bei mir krochen immer welche unterm Bett raus und ich war ganz verwirrt. Als meine Mutter kommen konnte, war ich immer noch völlig verwirrt. So habe ich zu ihr gesagt: „Hol mal die Perücke." Also, ich war total verwirrt. Da war ein Oberarzt, ein Oberleutnant, der kam jeden Nachmittag und hat jeden Tag mit mir gesprochen, ehe er nach Hause ging. Er hat von meiner Mutter die Adresse verlangt, er würde sich um mich kümmern, auch nachher, wenn ich das überstehen würde. Er bekam meine Heimatadresse, hat sich auch mit meiner Mutter unterhalten. Er sagte, dass er sehr erschüttert sei, über das, was mir passiert sei, ich hätte so viel mitgemacht. Ich musste ja auf den Wunden liegen und den ganzen Rücken voller Kanülen. Der Eiter kam überall raus. Aber ich musste darauf liegen. Die Schmerzen haben mich fast wahnsinnig gemacht.

Aber auch wenn der Oberarzt in Sinzig uns besuchen
hätte wollen, wäre ja keiner mehr dagewesen.

Ich bin am 1. November 1944 nach Bad Neuenahr ins
Krankenhaus gebracht worden. Am 2. November bin
ich sofort nachamputiert worden. Es war auch dort
eine ganz schlimme Zeit, weil ich nichts mehr bei mir
behalten konnte, denn ich habe starke Gegengift-
spritzen bekommen, die mein Körper nicht mehr
verkraftet hat. Meine Mutter ist in die Küche zu der
Oberin und hat gesagt, was könnte man da denn
machen, jetzt hat sie schon so viel mitgemacht, sie
wird noch sterben. Ja, sagte die Oberin, wenn wir
Kalbsknochen hätten, das ist das Leichteste, was es gibt
und das versuchen würden ihr einzuflößen.

Dann ist meine Mutter mit dem Fahrrad in das Dorf
gefahren und hat tatsächlich Kalbsknochen bekommen. Die Leute waren alle so hilfsbereit. Dann hatten
die das ausgekocht und sind mit der Thermoskanne
gekommen und haben mir die Suppe eingeflößt.

Aber zunächst ist es direkt wieder raus gekommen.
Sie haben aber nicht aufgegeben und nach dem 3., 4.
oder 5. Tag (ich weiß es nicht mehr), ist dann ein

Löffelchen drin geblieben. So hatte mich meine Mutter ganz langsam wieder aufgebaut.

Ich erholte mich in den nächsten Wochen nach und nach. Ende November 1944 konnte ich wieder aufstehen. Auch begann ich vorsichtig mit Krücken zu gehen, was sehr anstrengend war, da meine eine Hand auch beschädigt war. Aber ich gab nicht auf und mein Wille wieder selbst gehen zu können, war sehr groß.

Einmal kam ein Freund von früher, mit dem ich schon getanzt hatte, ins Krankenhaus. Er war auch ein Verwandter. Das war auch ein sehr, sehr Netter. Der hatte was im Krankenhaus zu tun, wurde verbunden. Er brachte mir eine Flasche Ahr-Rotwein mit. Mittlerweile war auch mein jüngster Bruder Josef da, mein Lieblingsbruder, und hat mir so viel Mut gemacht. Er sagte: „Es gibt so viele amputierte Soldaten vom Krieg, man kann heute mit der Prothese auch schön gehen." Er war 14 Tage auf Urlaub. Da habe ich schon mit Krücken laufen gelernt und ich konnte springen mit den Krücken, obwohl ich so dünn war und unheimlich abgenommen hatte.

Mit dem Freund bin ich einmal in den Garten

gegangen.

Aber dann kam das so richtig über mich:
Ich bin jetzt ein Krüppel!

Im Garten wurde es mir erst richtig bewusst, dass ich

von nun an nicht mehr normal gehen kann, dass mir

ein Bein für immer fehlt, dass ich ein Krüppel bin.

Mein Freund war so erschüttert, als er dies mit-

bekommen hat. Er hat mich wieder reingebracht.

Als er weg war, habe ich furchtbar weinen müssen.

In meiner Verzweiflung habe ich die Rotweinflasche

aufgemacht und mich betäubt. Ich war total be-

trunken. Als der Arzt ins Zimmer kam, sagte er:

„Was ist denn hier passiert?" Aber er wusste es ja.

Eines Nachts träumte ich: Eine Bombe hätte in unser Haus eingeschlagen. Wir sind alle in die Luft geflogen

Albtraum

Meine Mutter wurde auch immer weniger. Sie fuhr jeden Tag mit dem Fahrrad nach Remagen zu mir ins Krankenhaus. Ein langer gefährlicher Weg an der Bahnstrecke entlang, die Luftangriffe der Alliierten hielten immer noch an. Sie war drauf und dran, dass sie mich an Weihnachten nach Hause holen wollte, damit ich die Feiertage zu Hause verbringen konnte. Ich hatte eines Nachts geträumt:

In unser Haus hätte eine Bombe eingeschlagen und wir wären alle in die Luft geflogen. Wir wären alle hochgehoben worden und wieder runter. Ich wäre unter Trümmern gelegen und konnte mich nicht mehr bewegen, konnte nicht mehr atmen.

Ich war verschüttet.

Das habe ich etwa 14 Tage vor Weihnachten geträumt.
Aber meine Mutter konnte kein Auto kriegen. Sie bemühte sich sehr, damit mich jemand vom Krankenhaus nach Hause fahren konnte. Es fuhren ja keine
Züge mehr.

Das Krankenhaus war nicht der Ort, wo Weihnachten
gefeiert wurde. Es war ein großes Elend dort, so viele
Verwundete und kranke Menschen. Ich glaubte nicht,
dass ich überhaupt noch mal nach Hause käme.
Nach dem schlimmen Albtraum habe ich ganz
schreckliche Atemnot bekommen und Beschwerden
mit dem Herz gehabt. Ich hab furchtbar geschrien. Die
anderen sind davon aufgeweckt worden und haben
nach der Nachtschwester geklingelt. Sie hat dann nach
mir geguckt. Ich sagte ihr, dass es mir gar nicht gut
geht, da ich Schlimmes geträumt hätte. Sie gab mir was
zur Beruhigung.

Ich hatte die anderen gebeten, nichts meiner Mutter zu
sagen, dass ich große Angst hätte. Ich wusste, es wird

was passieren. Ich bin in diesen Dingen so veranlagt, wie meine Mutter.

Obwohl ich die anderen so sehr gebeten hatte, nichts zu sagen, haben sie es doch meiner Mutter gesagt. Dann hat meine Mutter gesagt: „Dann passiert wohl auch etwas, wenn es bombt, sind wir alle weg. Ich hole dich nach Hause. Jetzt muss ich doch noch sehen, dass ich jemand finde, der dich zu mir bringen kann." Sie hatte sich schon damit abgefunden, dass wir kein Auto kriegen. Es war eine ganz schlimme Zeit. Sie meinte, ich werde dich wohl doch nicht nach Haus holen können. Aber sie fand keine Ruhe mehr, dachte an meinen Albtraum und versuchte weiter, ob es nicht doch ein Taxi gäbe oder irgendetwas. Aber es war nichts zu machen. Ich war froh, wie sie kam und sagte: „Es gibt keinen Transport!"

Am Heiligabend 1944 war sie so verzweifelt, der Chefarzt hatte sich schon verabschiedet. Er sagte: „Ich bin so froh, dass du hier bist, hier bist du besser dran, als wenn du jetzt in Sinzig wärst." Und da hat er sich verabschiedet und ich sagte: „Ach, bin ich froh, dass ich hier bleiben kann." Aber um halb vier nachmittags am Heiligabend ging plötzlich die Tür zu meinem Zimmer auf, aufgeregt kam meine Mutter herein, Mantel auf dem Arm: „Ich hab ein Auto, ich war bei der Wehrmacht, ich hab denen den Fall geschildert, ob sie nicht doch einen Soldaten abstellen können, der dich holt." Der Zuständige sagte, er stellt einen Soldaten zur Verfügung, der ihre Tochter abholt und nach Sinzig fährt. Sie kam ganz aufgeregt herein. Sie holte mich aus dem Bett und zog mir nur einen Mantel über. So fuhr uns der Soldat von Remagen nach Sinzig. Nach den Feiertagen sollte ich dann wieder ins Krankenhaus kommen, in das gleiche Bett.

Ich war ganz traurig und doch auch froh, da ich nie gedacht hätte, dass ich noch mal nach Hause komme. Nach dem Tod meines Vaters hatte meine Mutter eine Familie in meinem Zimmer wohnen lassen. Der Mann war nicht da, aber die Frau mit zwei Kindern. Ein Ehepaar aus Köln war zu Besuch in unserem Haus, der Mann war Soldat. Sie sagten, in Köln ist es so schlimm mit den Bomben, darum sind wir nach Sinzig gefahren, um wenigstens über die Feiertage etwas Ruhe zu haben. Die sind dann, als ich zu Hause war, abends zu Besuch gekommen. Jeder hatte ein kleines Geschenk.

Auch die 10-jährige Trudi war dabei. Sie war immer mein kleines Modell, mein „Püppchen", die ich zurecht gemacht hatte, mit Hütchen, Kleidern und geschminkt hatte ich sie auch.
Mit der Kölnerin verstand ich mich auch, sie war so 'ne ganz kleine, humorvolle, wunderbare Frau. Ich sagte, sie sollen doch mal auf Urlaub zu uns kommen.

Sie ist dann auf die Knie gegangen, klopfte ihrem Mann auf die Schulter und sagte: „Wenn schon sterben, dann zusammen sterben!"

Das war alles so eigenartig. Ich fing auch an zu weinen und sagte: „Ich dachte nie, dass ich noch mal nach Hause käme und ich kann es noch gar nicht glauben." Meine Mutter hatte plötzlich so 'ne schlimme Farbe bekommen. Ich sagte: „Mama, was ist denn mit dir?" „Mir geht es gar nicht gut," sagte sie. „Mir ist, als wenn ich mein Lebenswerk vollbracht hätte, indem, dass ich dich zu Hause hab."

Der Heiligabend war sehr traurig. Ich hatte Angst um meine Mutter gehabt und dachte, sie würde sterben. Sie hatte ja auch mit meiner Amputation ein Vierteljahr lang immer Angst um mich gehabt. Sie ist täglich mit dem Fahrrad von Sinzig nach Remagen unter größten Gefahren zu mir gekommen und auch sonst hat sie viel mitgemacht. Ihre Söhne waren beide noch im Krieg.

Aber mein jüngerer Bruder Josef war im Dezember noch mal bei mir. Er hat mir so viel Mut gemacht: Er sagte: „Du wirst sehen, du kannst nachher wieder laufen mit dem Bein, du bist ja so gelenkig."

... das wird alles schön werden, bleib nur daheim

Dann kam der erste Feiertag, 25. Dezember 1944. Fünf jüngere Mädchen aus der Nachbarschaft hatten sich angekündigt. Wir hörten Radio und die Mädels haben

gesagt: „Ach komm, wir schleppen dich überall mit."
Meine Mutter meinte, dass sie überlegt, dass ich doch
gar nicht mehr ins Krankenhaus müsste, da meine
Amputationswunde nur noch verbunden werden
müsste. Durch den Gasbrand konnte man das Bein
nicht zunähen, es war offen, es musste rauseitern.
Was es auch immer tat und jeden Tag verbunden
werden musste. Meine Mutter sagte: „Die Schwestern
im Kloster machen doch Hausbesuche. Ich muss da
jetzt mal was regeln, ob die nicht kommen und dich
verbinden, denn du brauchst doch nicht mehr im
Krankenhaus zu liegen, nur wegen dem Verbinden."
Das alles hat mir Hoffnung gegeben. Wir haben es uns
richtig schön gemacht. Sie haben auch getanzt. Ich bin
auch aufgestanden und hab mit meinen Krücken und
meinem Bein etwas mitgemacht. Die Mädels haben
gesagt: „Ach, du wirst sehen, das wird alles schön
werden, bleib nur daheim. Deine Mutter kann das
regeln."

Meine Mutter hatte am ersten Weihnachtstag so schön
gekocht: Kaninchenbraten mit Rosenkohl und

Kartoffeln, vorher eine wunderbare Fleischsuppe und hinterher einen Pudding. So gut hatte ich lange nicht mehr gegessen und es hat mir ganz toll geschmeckt.

„Ach," sagte Mutter „jetzt geht es auch wieder aufwärts. Ach, jetzt bin ich aber froh, dass du wieder essen kannst und dann kommst du wieder zu Kräften und da machen wir was, damit du daheim bleibst."
Am 2. Weihnachtstag wollten die Mädchen wieder kommen und wieder lachen und tanzen.

Als ich am zweiten Weihnachtstag gerade fertig mit dem Essen war, sprang meine Mutter plötzlich hoch, riss die Augen auf und sagte: „Da kommt eine Bombe." Sie hat das Pfeifen gehört, was ich ja nicht hören konnte. Ich hockte mich unter den Tisch und meine Mutter hat sich vor den Herd fallen lassen. Die Bombe schlug oben an der Straße ein. Unser Haus hat schwer gerappelt. Oben an der Straßenecke sind mindestens fünf Häuser weg gewesen. Ich glaube nur zwei haben überlebt in all den Häusern, die anderen waren alle tot. Wir wohnten in der Mitte der Straße, die sehr steil war. Dann ging das Bombardement weiter. Die nächste

Bombe schlug in unser Haus ein. Es standen hier drei Häuser, von denen zwei völlig zerstört wurden. Wir hatten den Haupttreffer abbekommen. Die Luftmine ist bei uns im Hof eingeschlagen. Zwei Häuser hat die Luftmine dem Erdboden gleichgemacht. Nebenan, wo die beiden Mädchen wohnten, die mich am ersten Feiertag besucht hatten, ist die ganze Familie, Vater, Mutter und die zwei Mädchen getötet worden. Die ganze Familie wurde ausgelöscht. Eine Frau, die bei mir im Zimmer war, ist dort umgekommen. Sie hatte immer furchtbar über die anderen Leute gelästert. Die hat den Mund nicht mehr zubekommen, bis dass sie tot war.

Lebendig begraben

Bei uns im Haus kamen fünf Menschen um. Meine Mutter lag unter dem Herd ... völlig zerschmettert ... und, genau, wie ich es geträumt hatte, waren die Trümmer alle auf mich gefallen, kein bisschen anders ist es passiert. Ich habe keine Luft bekommen, es hat nach Brand gerochen. Meine Haare waren verschmort,

meine Kämmchen waren ganz verschmort im Haar.
Ich war viele Stunden lebendig begraben. Dennoch war
ich bei klarem Verstand. Ich habe immer gerufen:
„Hilfe, Hilfe, helft mir doch!"

Ein Eisenträger hat mir etwas Raum gelassen und die
Trümmer etwas von mir weggehalten, wodurch ich
nicht ganz erdrückt wurde. Aber rundum war alles
voller Trümmer. Aber an meinem einen Bein, dem
linken, hatte ich durch die Eisenträger eine schwere
Verwundung, wo ich ja noch heute Beschwerden hab.
Die rechte Hand war irgendwie aus den Trümmern zu
sehen. Als man mich ausgraben wollte, hatten sie gedacht, da wäre ein Toter. Die Hand war vollkommen
zerstört und voller Dreck. Ich war vier Stunden verschüttet. Spanische Arbeiter machten die Aufräum-
ungsarbeiten und haben mich wieder ausgebuddelt.

Alles, womit mich die Kölnerin, die umgekommen war,
getröstet hatte, habe ich da verloren. Die rechte Hand,
meine Mutter, mein Heim. Mein Bein hatte ich ja schon
verloren. Ein Nachbarsjunge erzählte später, der an

diesem Tag Geburtstag hatte und auf dem Mühlenberg mit einem Freund spazieren gegangen war, dass er gesehen habe, wie die Luftmine auf unser Haus eingeschlagen und es zusammengefallen ist. Er hat so seine Mutter und eine Schwester verloren. Der Vater war im Krieg. Die Trudi, mein Püppchen haben sie auch ausgegraben. Sie hatte schwere innere Verletzungen. Sie hat auch im Krankenhaus gelegen. Ich sah sie noch, als ich unten auf der Bahre lag, mitten im OP. Trudi lag oben. Die Schwester ihrer Mutter, ihre Patentante, war bei ihr und sagte zu ihr: „Trudi guck mal, da liegt die Agnes!" Da drehte sie ihr Köpfchen, es lief Blut aus dem Mund. Abends um 6 Uhr kam die Tante zu mir, sagte, das Trudi gestorben sei. So war ich die Einzige, die in unserem Haus überlebt hatte.

Die Luftminen waren etwas Furchtbares

Es waren vor allem britische Bomber, die auch in Sinzig Furchtbares anrichteten. Viele Häuser und ein Hotel sind bombardiert worden. Meine Mutter ging dort die letzte Zeit immer Mittagessen. Es gehörte einer Schulkameradin von ihr. Meine Mutter hatte so eine Essenskarte und es war besser für sie, bei ihrer Schulkameradin essen zu gehen. 120 Tote gab es in dem Hotel. Bei anderen Leuten haben durch die Wucht der Bomben Köpfe auf dem Speicher gelegen.

Die Luftmine ist was Furchtbares. Da wird man hochgehoben und es fällt alles auf dich. Das muss man sich mal vorstellen. Ich habe schon bei der Erstverwundung in Bad Neuenahr von drei Frauen mit Gasbrand überlebt, was eine Seltenheit ist. Und jetzt, die einzige Überlebende in unserem Haus.

Zurück im Krankenhaus Remagen
und weiter nach Bad Godesberg

Nachdem ich ausgegraben war, hat man mich wieder mit Dreck und Speck, mit den dreckigen Sachen, die ich am Körper hatte, im Krankenhaus in Remagen aufgenommen. Weil immer wieder Bombenangriffe waren, wurden wir im Keller hingelegt. Wir haben alle ein paar Nächte im Keller zugebracht und waren notdürftig versorgt. In der Neujahrsnacht waren wieder Bombenangriffe auf Remagen. Auch auf das Kranken-haus, in dem ich war, sind Bomben geworfen worden und ein Bombentreffer hat das Krankenhaus schwer beschädigt. Eine Kellerwand war weg und wir lagen praktisch im Freien. Jetzt mussten die Schwestern zusehen, wo sie die Patienten unterbringen können. Aber ich hatte ja niemand, wo sie mich hinbringen konnten. Sie fragten nach Verwandten von mir. Ich sagte: „Ich habe eine Tante in Bad Godesberg wohnen, aber die haben keinen Platz. Die sind mit fünf Personen in zwei Räumen, haben nur Küche und Schlafzimmer." Daraufhin haben sie versucht, ein Auto anzuhalten, was in die Richtung Bad Godesberg fuhr. Es waren unheimliche Trichter auf den Straßen, sodass man kaum mehr mit dem Auto fahren konnte.

Eine Schwester hielt einen Kübelwagen mit Offizieren an. Ich war ein schlimmer Anblick, konnte ja auch nicht mal mit Krücken gehen, ich musste getragen werden. Mein Kopf war verbunden, man sah nur meine Augen und meine kaputte Nase. Auf einer Trage haben sie mich einen Hang runter getragen. Die Offiziere haben angehalten und gesagt, dass ich mich zwischen sie setzen müsste. Wohin ich wollte, fragten sie und ich sagte, ins Markus Stift, das wäre ein Krankenhaus in Bad Godesberg und ich hätte dort Verwandte wohnen. Die Soldaten haben mich mitgenommen, kein Wort gesprochen. Sie waren alle auf der Flucht vor den Amerikanern, die nachrückten.

Als sie mich dann im Markus Stift abgeben wollten, weigerten sich die dort, mich aufzunehmen. Es täte ihnen leid, aber sie könnten sich nicht um mich kümmern. Da haben mich die Soldaten einfach auf der Krankenhaustreppe abgesetzt und sind weiter gefahren. Jetzt musste man mich ja aufnehmen.
Da bin ich in so einen Raum gekommen, wo viele auf ein Bett warteten. Zwar war ich jetzt im Krankenhaus, aber sie haben nicht viel gemacht, nur versucht, die Wunde zu reinigen.

Dann haben sie mich nach einigen Tagen operiert und eine Klammer an die Hand gemacht, damit der Eiter abfließen konnte. Die rechte Hand war voller Porzellansplitter. Das hat man alles nicht behandeln können. Ich hatte Schmerzen ohne Ende. Die Sehnen waren auch verletzt. Die Hand hing runter. Notdürftig haben sie meine Hand zusammengenäht. Der ganze Dreck blieb drin.

Mir wurde immer bewusster,
dass ich jetzt nicht mehr mit Krücken gehen kann,
ich mich aber um mich selbst kümmern wollte

Jetzt konnte ich nicht mehr mit Krücken gehen, wie vorher nach der ersten Verwundung. Ich überlegte, wie ich mir allein helfen konnte. Ich dachte, ich könnte ja über den Flur rutschen. Da habe ich mir ein Stuhlkissen genommen und habe versucht, auf dem Stuhlkissen und mit dem verwundeten Bein mich zu bewegen. Ich kam aber nicht hoch auf die Toilette, denn das verwundete Bein war viel zu schwach. Aber mir hat dann doch immer jemand hoch geholfen. Ich dachte sehr viel darüber nach, wie ich mir selbst helfen könnte, damit ich noch ein bisschen alleine

meine Dinge tun kann. Das Schlimmste war, dass ich
Rechtshänder war und mit der linken Hand mir
überhaupt nicht helfen konnte, nicht mal kämmen
konnte ich mich. Ich war noch völlig ungeschickt mit
der linken Hand. Ich hatte dann die Spiegelschrift
gelernt mit der linken Hand. Das war mein Haupt-
thema im Krankenhaus.

Meine Verwandten, meine Tante und alle in Bad
Godesberg sind benachrichtigt worden und sie kamen
mich auch besuchen. Aber sie konnten mich nicht aufnehmen, weil sie ja selber keinen Platz hatten. Meine
Tante beantragte ein Zimmer im Haus, wo sie wohnte,
damit ich so bald wie möglich aus dem Krankenhaus
kann. Ich wusste ja, dass ich dieses Mal zwar viele neue
Wunden hatte, aber trotz des Verlustes meiner rechten
Hand, nicht lebensgefährlich verletzt wurde, wie beim
ersten Mal. Aber klar war mir bewusst, dass ich jetzt
eine Körperbehinderte bin. Wenn ich jetzt ein Heim
gehabt hätte, könnte ich aus dem Krankenhaus. Aber
ich wusste ja nicht wohin. So musste ich fünf Monate
im Krankenhaus im gleichen Zimmer und gleichen Bett

bleiben. Es war da eine Nonne, die der Besen genannt wurde, die immer wieder zu mir sagte: „Wir könnten so nötig das Bett gebrauchen, kannst nicht endlich mal irgendwo hin." Toll, wäre ich ja gerne. Ich hatte aber sehr nette Zimmernachbarinnen. Eine hat mich mal eingeladen auf ihren Bauernhof, damit ich mich mal einen ganzen Tag lang bei denen satt essen könnte. Ihr Mann hat mich dann im April 1945, wo es schon wärmer geworden war, geholt. Ich wurde sehr liebevoll und reichlich bekocht. Ein wunderbarer Tag und wunderschönes Erlebnis!

Am 8. Mai 1945 war ja dann Kriegsende. Nach langem Warten, im Mai 1945, wurde meiner Tante ein Zimmer genehmigt, in das ich einziehen konnte.

Meine Brüder kamen aus dem Krieg.
Sie dachten, wir sind alle tot

Meine Brüder schrieben immer wieder aus dem Krieg nach Hause. Die Post kam aber immer wieder zurück. Sie wussten nicht, was in der Zwischenzeit alles

passiert war. Nicht, dass Mutter tot war und ich den
Volltreffer auf unser Haus überlebt hatte.

Sie versuchten immer wieder, Kontakt zu kriegen.
Aber die Post wurde zurückgesendet, weil ja das Haus
nicht mehr dort stand. Mein ältester Bruder Heinz
war auch sehr krank durch den Krieg. Er war in
Saarbrücken stationiert. Im Februar hat er Sonder-
urlaub bekommen und fuhr nach Sinzig. Er wollte
endlich wissen, was passiert ist. Er hatte kein gutes
Gefühl. Abends ist er nach Sinzig gekommen. Als er
von unten unsere Straße hochging, sah er auf einmal,
dass oben ein paar Häuser fehlten, darunter auch
unser Haus. Es war für ihn ein furchtbarer Schock.
Er fragte dann Nachbarn, ob jemand es überlebt habe.
Die meisten meinten aber, wie er mir später erzählte,
ja die Agnes wird auch tot sein. Einer aber meinte, ich
wäre in Remagen, er sollte doch mal dort nachfragen,
denn ich wäre ausgegraben und nach Remagen
transportiert worden. Ich wäre schwer verwundet.
Er hat sich in Remagen umgehört und erfahren, dass
ich in Godesberg wäre. Er kam sofort zu mir ins
Krankenhaus nach Bad Godesberg. Es war Februar

1945. Er sagte zu mir: „Sobald ich kann, hole ich dich hier raus, wenn ich weiß, wo ich unterkommen kann." Als er zurück in Sinzig war, hatte er bei Freunden Unterkunft gefunden. Aber dann sind die Amerikaner in Sinzig eingezogen und haben alle jungen Männer und alle Soldaten, die sie ausfindig machen konnten, aufgerufen, dass sie sich alle ergeben sollen.

Das hatte mein Bruder dann auch machen müssen. Danach wurde Heinz nach Belgien in ein Gefangenenlager verschickt. Er hat mir eine Nachricht hinterlassen, wenn er wiederkäme, würde er sich um mich kümmern. Keiner wusste ja, wie es jetzt weiter geht, die Front rückte immer näher, es waren immer noch Bombenangriffe.

Ich dachte mir, wenn ich mich doch irgendwie fortbewegen könnte. Da ist mir eingefallen, es gibt doch Krücken mit Unterarmkissen, Holzkrücken. Ich versuchte, den Arm mit der Schiene durch diese Krücke zu tun, so bewegte ich mich mit dem Körper vorwärts. Ich durfte die Krücken auch nicht lange tragen. Ich habe dann schwere Drüsenentzündungen unter dem Arm bekommen. Ich hatte wahnsinnige Angst, wenn ich mich außerhalb des Krankenhauses bewegte, da immer wieder die Bomben auch in Bad Godesberg fielen. Die Bomben sind noch geflogen bis April, weil da die Amerikaner noch nicht in Godesberg waren. Mit diesen Krücken bin ich schon mal ein bisschen in den Garten, aber ich hatte unheimlich Angst vor den Tieffliegern.

Wir Patienten aus dem Markus Stift waren direkt gegenüber der Godesburg. Da war ein ganz riesengroßer Bunker drin. Es waren auch viele Seuchen drin, durch viele Kranke. Es war ganz gefährlich, dort hineinzugehen. Wir hatten es vom Krankenhaus verboten bekommen, in den Bunker zu gehen.

Ich hatte eines Tages, als ich im Krankenhausgarten etwas rausgegangen war, solche Angst vor den Tieffliegern. Ich schaffte es nicht zurück zum Krankenhaus und bin in den Bunker mit diesen Holzkrücken geflohen. Jemand hat mich dann beim Chefarzt verpetzt, weil ich in den Bunker gegangen bin. Doch ich hatte Glück. Der Chefarzt Dr. Lorenz schimpfte mich zwar aus, sagte aber dann zu mir: „Jeden würde ich aus dem Krankenhaus rausschmeißen, aber bei dir kann ich es verstehen. Mach es nie mehr, es ist zu gefährlich mit den Seuchen der Menschen, die da jetzt schon monatelang hängen und sich nicht mehr raus trauen.“

Eines Nachts wurde ganz furchtbar viel geschossen, die Amerikaner zogen auch in Bad Godesberg ein.
Aber wir wussten dann, der Krieg ist für uns vorbei.
Es war im April und am 8. Mai war dann Kriegsende.

Enttäuschungen: So war es leider, nach dem Krieg

Mein Bruder hatte sich Ende Mai 1945 wieder gemeldet. Er konnte das Gefangenenlager als verwundeter Soldat, als Kriegsverletzter, als einer der ersten verlassen. Er ist nach Godesberg gekommen und hatte irgendwie auf einem Dorf bei Sinzig Unterkunft bei einem Bauern gefunden. Sie hatten einen großen Lastwagen, mit dem Heinz Lebensmitteltransporte fuhr. Dann kam er bei dieser Gelegenheit einmal mit diesem Lastwagen zu mir und sagte:

„Komm, wir fahren ein paar Tage nach Sinzig."

So habe ich im Juni 1945 mit meinem älteren Bruder das erste Mal an unserem Trümmergrundstück gestanden. Wir konnten es nicht glauben. Es hing nur ein Ast raus. Ich war so erschüttert und Erinnerungen an das Schreckliche stiegen in mir hoch. Aber dann erfuhr ich auch noch, dass meine Verwandten allerlei aus den Trümmern weggefahren hatten. Ich bin zu meiner

Patentante, musste mit meinen Krücken die Treppe rauf und hab gesehen, dass sie eine Jacke anhatte, die mit der Wolle von uns gestrickt war. Auch hab ich einige Sachen von uns rumstehen gesehen. Sie behauptete, da wäre nichts mehr gewesen. Aber die Nachbarn hatten gesehen, wie sie wagenweise Sachen weggefahren hätten.

Bei allem Schlimmen, was unserer Familie passiert ist, war dies eine große menschliche Enttäuschung innerhalb der eigenen Familie. Sie war die Schwägerin meiner Mutter.

Sie wohnte etwas weiter weg, in einer anderen Straße. Aus unserem zerstörten Haus, das sie ja gut kannte, nahm sie sich, was sie bekommen konnte. Ich entdeckte einige Sachen, die alle von uns waren. Auch sah ich einen Korb unter der Couch, in dem die Wolle war, die ich mit meiner Mutter von einem Strickkleid von ihr aufgeriffelt hatte. Ich habe den Korb nach vorne gezogen, sodass sie merken konnte, dass ich den Korb entdeckt hatte. Auf einmal tat sie so, als wäre sie gestolpert. Sie stieß den Korb zurück.

Mir ist die Galle hochgegangen und ich schrie: „Tante, die Jacke, die du anhast, habe ich sofort erkannt. Wenn du sagst, es sei nichts mehr aus unserem zerstörten Haus gefunden worden, bin ich gezwungen zur Polizei zu gehen und hier eine Hausdurchsuchung machen zu lassen. Das kann doch nicht sein, dass wir alles verloren haben. Du willst dich an diesen Sachen, die du da noch raus geholt hast, bereichern. Ich habe gehört, dass ihr Wagenweise die Wäsche und viel mehr weggefahren habt. Und du bist meine Patentante und behauptest, es wäre nichts raus gekommen?" Da ist sie ganz blass geworden und sagte: „Um Gottes Willen, keine Polizei, keine Polizei. Komm, wir gehen mal oben rauf, gucken wir mal, was da von euch ist. Im Speicher war ein großes Lager mit unseren Sachen, eine LKW-Ladung voll. Da habe ich gesehen, was da alles war. Unser Kobold-Staubsauger, Bügeleisen, unsere Nacht-tischlampe. Es war nicht zu fassen. Dann habe ich meinem Bruder Heinz Bescheid gesagt, damit er dort vorbeifährt. Er hat alles dann aufgeladen und unsere Sachen bei dem Bauern, für den er gearbeitet hat, auf den Speicher gebracht.

Aber, da mein Bruder auch oft für den Bauer unterwegs war, um Waren auszufahren, wurden unsere Sachen immer weniger, da auch dort geklaut wurde.

Es war leider so nach dem Krieg. Das war eine ganz schlimme Erfahrung.

Als mein Bruder später eine Frau kennen lernte, wurde der Rest unserer Sachen mit zu ihr geholt.

Ich hatte selbst gar nichts mehr. Aber das war mir alles nicht so schlimm. Wichtig war ja nur, dass ich endlich wieder ins Leben kam.

... wieder gehen lernen.
Der Ruf nach Andernach

Meine erste Prothese

Nach dem Krankenhaus nahm mich meine Tante, die Schwester meiner Mutter, in Bad Godesberg auf. Sie hatte ein wunderschönes Balkonzimmer und war sehr liebevoll zu mir.

1945, als der Krieg vorbei war, haben sie und ihr Mann in einem anderen Stadtteil ein Geschäft eröffnet. Dadurch hatten sie immer weniger Zeit für mich und ich war mir ziemlich selbst überlassen. Sie wohnten mitten in der Stadt. Wenn ich die Treppe mit den Krücken runter zur Haustür ging, konnte ich gar nicht weiter gehen. Ich hätte immer jemand haben müssen, der bei mir war. Ich hatte ja noch keine Prothese. Dann hieß es auf einmal, ich könnte mir eine Prothese über das Sozialamt fertigen lassen. Ich sollte nach

Bonn fahren, zu einer Firma, die Prothesen herstellt.
So konnte ich mir im Juni meine erste Prothese
machen lassen.

Da ich einmal einen jungen Mann sah, wie er mit seiner
Prothese wunderbar gehen konnte, träumte ich davon,
wie schön ich dann wieder laufen würde. Ach, dachte
ich, wenn ich wieder so gehen könnte, wäre das ja
wunderbar.

Aber scheinbar war der Prothesenmacher in Bonn
nicht sehr fähig. Es war schon länger her, dass ich
amputiert war. Ich hatte noch nie eine Prothese am
Stumpf. Bei den Anproben bin ich mehrmals ohnmächtig geworden. Es gab da noch keine Saugprothese.
Die Holzprothese war mit Gurten, vielen Schnallen und
ganz schwierig anzuziehen und war dreimal so dick,
wie meine normale Wade. Sie sah unmöglich aus, wie
ein Holzklotz.

Damit sollte ich wieder gehen lernen ... Mit einem
Holzbein zu gehen war nicht so einfach. Ich ging ganz
schwer und schlecht. Leider hatte ich niemanden, der
mir dabei helfen konnte. Ich war vollkommen depri-

miert. Meine andere Tante Anna aus Andernach wollte immer haben, dass ich zu ihr komme, damit ich ein bisschen Abwechslung habe. Doch ich lehnte immer wieder ab, da es für mich zu anstrengend war mit dem neuen Holzbein und den Krücken. Tante Anna war die Schwester meiner Mutter. Sie gab aber nicht auf und versuchte es immer wieder. Ich sagte: „Solange ich nicht laufen kann mit der Prothese, möchte ich nicht nach Andernach kommen." Aber es ging mit der Prothese nicht weiter, ich war vollkommen am Ende. Meine Tante in Bad Godesberg war liebevoll, kam jeden Morgen und hat nach meinen Träumen gefragt und nach meinen Vorstellungen. Ich träumte oft, ich könnte nähen mit der Nähmaschine und irgendwie solche Träume, in denen ich etwas getan habe.
Sie meinte: „Ach das wird alles in Erfüllung gehen."
Meine Tante Anna kam jetzt schon das fünfte Mal. Jedes Mal war ihr Mann mit dem Leiterwagen am Bahnhof und wollte mich so zu ihnen nach Hause fahren. Doch immer kam die Tante ohne mich. Irgendwann wurden sie etwas böse und sagten: „Nimm doch unsere Einladung mal an! Fahr bitte mal

acht Tage mit zu uns!" Schweren Herzens bin ich doch mitgefahren. Es war sehr anstrengend mit dem Zug. Man hatte keinen Platz. Die Menschen hingen wie Trauben draußen an den Zügen. Das war eine ganz schlimme Zeit.

Da wollte ich Luft holen, weil ich auf einmal merkte, mir blieb die Luft weg. Ich bekam einen Krampf und konnte mir plötzlich nicht mehr helfen, bin in Ohnmacht gefallen. Meine Tante hat mitbekommen, dass ich umgefallen war. Sie konnte die Tür zunächst nicht aufkriegen. Aber andere haben ihr geholfen und mich doch da raus geholt.

Dann hieß es: "Sofort ins Krankenhaus, das ist vom Herz." Im Krankenhaus sagte der Herzspezialist: "Ich müsste ganz allein liegen, mein Herz wäre sehr schwach." Ich brauchte viel Ruhe und durfte alleine liegen. Der Arzt hat sich große Mühe gegeben. Im Krankenhaus ist bei Untersuchungen festgestellt worden, dass noch ein Granatsplitter im Oberbauch bzw. hinten am Rücken war. Diesen konnte man aber nicht entfernen. Den habe ich heute noch.

Es besuchten mich viele Freunde und Bekannte.

Mir ging es nach einer Zeit besser. Sie legten mich in den großen Krankensaal. Das war ein Zimmer mit acht Patienten. Wir waren alle so fröhlich, was mir sehr gut getan hat. Der Arzt meinte, ich könnte jetzt schon mal versuchen, in den Garten zu gehen. Nur, ich konnte ja leider nicht gehen. Durch das Liegen ohne Bein hatte sich eine Knochenwucherung gebildet, der Knochen war da ein bisschen durch und es haben sich Nerven-knoten gebildet. Da ich ja Gasbrand hatte, konnte das Bein nicht zugenäht werden. Es musste ja von sich aus zusammenwachsen. Ich musste jetzt nachamputiert werden.

Damit ich überhaupt eine Prothese tragen kann, musste jetzt ein Polster gemacht werden. Aber hierfür musste ein ganzes Stück Knochen weggenommen werden. Die mussten den Knochen absägen, was sehr schmerzhaft war. Sie haben aber dann auch den Stumpf zunähen können.

Die Nachamputation war 1948 und hat mich sehr mitgenommen. Mir ging es danach sehr schlecht, weil

ich keinen Appetit hatte. Ich konnte nichts essen.
Wie ein Engel kam Schwester Kresostema. Sie
kümmerte sich um mich liebevoll und gab mir jeden
Mittag wie einem Kind Essen. Sie hat mir immer extra
ein Mittagessen bereitet. Ich müsste ja etwas essen,
wenn ich weiter leben wollte. Ich wollte es!

Andernach August 1945: Hoffnung und Neubeginn

Nach dem Krieg wollten wir nur noch leben

Seit August 1945 lebe ich hier in Andernach. Diese Entscheidung zu meiner Tante nach Andernach zu reisen, war für mich lebensprägend.

Es kamen viele Freunde und Bekannte zu mir, die ich schon mit 17 Jahren, als ich einmal in Andernach war, kennengelernt hatte. Alle wollten sie mir helfen. Auch ein Jugendfreund von damals, der so alt war wie ich, hat mir sehr geholfen. Wir feierten auch mal Feste zu Hause, weil man ab 22 Uhr nicht mehr auf der Straße sein durfte. Die Franzosen hatten Andernach besetzt. Da waren so viele, die gesagt haben, wir helfen dir, wieder zu gehen. Jeden Tag wurde jemand eingeteilt, der kam, und ist mit mir spazieren gegangen ist. Wir waren einmal auf einem Künstlerfest eines Freundes, den ich auch schon mit 17 kennengelernt hatte. Als ich damals acht Tage in Andernach war, hatte mich mein Cousin vielen netten Menschen vorgestellt. Da hatte sich schon ein großer Freundeskreis gebildet. Die vielen Freunde gaben mir meinen Lebensmut zurück. Wir feierten damals viel. Nach dem Krieg wollten wir nur noch leben! Wir waren so froh, dass der Krieg vorbei war und dass die Menschen wieder Hoffnung hatten. Nach all den schrecklichen Jahren eine so schöne Zeit, die ich nie missen möchte.

Meine Andernacher Freunde haben sich untereinander abgesprochen und gesagt: „Kümmere du dich mal um Agnes, gehe du mal mit ihr." Sie haben mich bei der Tante abgeholt, ich habe mich an den Arm gehängt und bin mit dem Stock gegangen, oft an den Rhein. Das war wirklich so eine schöne Zeit und ich wurde überall hin mitgenommen. Es gab ja keine Fahrgelegenheiten. Meine Freunde haben mich auf einen Leiterwagen gesetzt. So sind wir nach Eichhof, da haben sie mich einfach abgesetzt und gesagt: „Nun seh zu, dass du hochkommst."

Alles mit Humor. Ich habe alles mitgemacht. Sie gingen sehr lieb und rücksichtsvoll mit mir um.

Silvester 1945 war so wunderbar. Wir feierten bei einer Freundin, die so alt war wie ich. Alle haben ihre Lebensmittelkarten zusammengelegt, wir haben schönen Hackbraten gemacht und Salat. Wir hatten sogar ein paar Raketen. Wir sind dann auf den Krahnenberg, sie haben mich hochgezogen und haben dort auf dem Berg gefeiert. Ich dachte, ich bin im Himmel. Eigentlich war das die glücklichste Zeit meines Lebens, als ich in Andernach geblieben bin.

Ich hatte weniger Schmerzen gehabt, denn es war noch keine Saugprothese. Die Holzprothese war locker. Aber wenn der Sommer kam, war es furchtbar. Da klebten die Gurte fest. Wenn ich aufstehen wollte, hing das Bein vorne und ich musste mich so hinstellen. Ich habe mir dann eine Bluse drunter gezogen, damit die Gurte rutschten und ich aufstehen konnte. Diese Prothese war unvorstellbar. Ohne lange Hose konnte ich nicht gehen, weil die auch so eine riesige Wade hatte. Es sah furchtbar aus – aber es war halt diese Zeit. Mein Onkel aus Bad Godesberg wollte mich dann wieder aus Andernach abholen. Er war auch ein ganz lieber Mann, der mir immer wieder mal ein bisschen was zugesteckt hatte, ein Scheinchen und so, weil ich ja nichts hatte. Es gab ja nach dem Krieg zunächst keine Unterstützung von den offiziellen Stellen. Da war das alles noch nicht.

Das Essen bei meiner Tante war schlimm, anders als in Godesberg. Da schmeckte es, weil sie viel zu kaufen hatten. Alles war dort sehr gepflegt. Meine Tante in Andernach nahm es nicht so genau. Aber sie war herzensgut. Nur leider gab es dort oft Trockengemüse mit Würmern und lauter solcher Sachen.

Das Entscheidende waren aber die Freunde, die alle für mich da waren. So wollte ich in Andernach bleiben. Onkel Paul ist immer wieder nach Godesberg und hat Kleider geholt, bis all meine Sachen dort waren. Meine Tante und mein Onkel waren etwas beleidigt, da sie ja doch auch viel für mich getan hatten. Sie wollten mir ja auch helfen. Doch hatten sie keine Zeit für mich durch ihr Geschäft. Für mich waren die Menschen in Andernach, die für mich da waren, das Entscheidende, um hier zu bleiben.

Mein Onkel Paul, der Mann von Tante Anna, erblindete immer mehr, hatte ohnehin nur ein Auge. Er kannte aber viele Leute in Andernach, da er Masseur war. Ein Mädchen, die zwei Jahre jünger als ich war, kam auch dorthin. Sie lernte ich kennen und wir wurden enge Freundinnen. Sie besuchte mich öfter und brachte schon mal was mit. Auch verdanke ich ihr, dass sie mich zum tanzen motivierte. Sie nahm mich einfach mal mit zum Tanzen. Das war aber für mich alles sehr schwer. Aber ich wollte so gerne tanzen, wie früher. Sie hat mir dann mit viel Geduld und Liebe Tanzen mit meinem Holzbein beigebracht. Sie sagte: „Komm, du kannst doch mit dem Bein noch tanzen." Ich habe vorsichtig damit begonnen, es zu versuchen. Dann wollten die Freunde auch mit mir tanzen, was ich versuchte. Sie nahmen dabei Rücksicht auf mich. Wenn aber Fremde kamen, habe ich immer abgelehnt. Ich tanzte nur mit denen, die wussten, dass ich mein Bein ab hatte. Meine Andernacher Freunde haben mich tanzen gelernt und auch mitgeschleppt.

Aber ich kam mir beim Tanzen dennoch vor wie eine Attrappe mit dem Holzbein. Es war so eigenartig. Wenn ein Neuer hineinkam, da wussten sie alle, er würde mich auffordern.

Ich hatte mich ja erholt, war wieder aufgeblüht in Andernach und hatte gute Chancen bei den Jungs.

Meine Andernacher Clique

1947. Eigentlich wollte ich nicht auf eine Karnevalsveranstaltung gehen, zu der mich meine Freundin Resi mitnehmen wollte. Ich kam mir immer komisch vor. Wenn ein Fremder mich zum Tanzen aufforderte, lehnte ich immer ab, da ich mich schämte, weil ich ein Holzbein hatte und nicht so wie andere Frauen tanzen konnte. Ich empfand mich als Attrappe, so schön ich auch sonst war. Ich sagte immer: „Nein Danke, ich tanze nicht!" Ich tanzte grundsätzlich nur mit denen, die wussten, dass ich mein Bein ab hatte. Ich ging ja

auch öfter zum Tanz. Es war die Zeit, wo wieder diese
Tanzveranstaltungen Sonntagsnachmittags waren. Da
ging ich gerne hin. Da hatte ich auch immer gute
Tänzer, die wussten, dass ich nur ein Bein hatte. Mit
denen kam ich gut zurecht, weil sie Rücksicht nahmen.
Zudem tanzte ich auch so nicht schlecht. Ich habe gar
Komplimente bekommen, dass ich leichter tanze, wie
manche Frau auf zwei Beinen.

Männer, die seitlich tanzten, da konnte ich besser mit.
Wenn sie aber loslegten, hin und zurück tanzten,
konnte ich nicht mitkommen. Nur ganz ruhige Tänzer,
die seitlich tanzten, da ging es richtig gut – es war auch
ein schönes Gefühl. Meine Freundin Resi ging immer
mit und sagte: „Ich habe durch dich oft ganz tolle
Tänzer, weil du ablehntest und sie haben mich dann
aufgefordert, weil ich daneben saß." Resi konnte aber
wunderbar tanzen. Sie hat sich immer wieder auf die
tollen Tänzer durch mich gefreut.

Dann kam der Karnevalssonntag, im Februar oder
März 1947. Ich legte mich abends um 8 Uhr schon ins
Bett und dachte: „Du kannst ja da nicht so mit-

machen." Mit so einer Prothese ist man ja auch sehr schnell müde – auch konnte ich nicht mit allen Karnevalsjecken zurechtkommen. So einfach war das ja nicht für mich als Behinderte. Meine Freundin kam und wollte mich abholen. Als sie sah, dass ich schon im Bett lag, sagte sie: „Das kommt ja gar nicht infrage. Hier, zieh das Kleid an, wir gehen!" Ich bin dann doch mit ihr gegangen. Wir sind ins Hotel und da war eine tolle Kapelle. Die Musiker kannten wir alle von den Tanzveranstaltungen. Sie fragten uns oft, was sie denn für uns spielen sollten und spielten immer wieder unsere Lieblingsschlager.

Vor allem liebte ich die „Capri Fischer". Ich saß aber viel alleine am Tisch, weil meine Freundinnen immer tanzen waren. Ich wollte in dem Trubel nicht tanzen. An einem langen Tisch saßen viele Schulkameraden, eine ganz große Clique.

Damals war es ja Brauch, dass man Getränke mitbringen konnte oder musste. Da gab es noch keinen Wein oder so was. Es war da eine ganz lustige Gesellschaft. Dann kam einer zu mir und sagte, ob ich mich

nicht zu ihnen setzen wollte, sie hätten schon von mir
gehört. Sie würden mich einladen zu einem schönen
Getränk, einem schönen Wein. Das habe ich dann auch
gemacht.

Darunter war auch mein späterer Mann Walter. Dann
kam mein Lieblingslied „Capri Fischer".
Hierzu tanzte ich sehr gerne, weil der schön ruhig war.
Dann hat mich Walter aufgefordert. Ach, dachte ich,
warum nicht. Mittlerweile hatte ich auch ein
Schlückchen Wein getrunken und war ein bisschen
lockerer. Dann habe ich mit ihm getanzt. Er tanzte sehr
schön ruhig und ich kam gut dabei mit ihm zurecht.
Unser erster Tanz war der Capri Fischer, den ich auch
heute noch gerne anhöre.

Mein Mann Walter und Vater meines Sohnes

Walter habe ich so beim Tanzen kennengelernt. Er hat mit mir am Tisch immer wieder geredet. Ein Schulkamerad wollte auch viel wissen von mir, trotz der Karnevalsstimmung, hat er mir viele Fragen gestellt. Sie wollten mich in ihrer Clique aufnehmen. Sonntags haben sie immer Karten gespielt und alles Mögliche veranstaltet. Sie fragten mich einmal, ob ich Brennmaterial hätte, ob ich ein warmes Zimmer hätte. Sie würden mir da gerne helfen und mir beistehen und Brennmaterial bringen. Das taten sie dann auch. Sie brachten mir auch Holz zum Feuer anmachen, solche Bündel Anzündholz. Sie haben sich wirklich ganz toll um mich gekümmert. Sonntags holten sie mich dann ab zum Spielen und Feiern.

Walter war aber sehr schüchtern, was man ja später gar nicht mehr sich vorstellen konnte. Er hat andere

fragen lassen, ob ich mal mit ihm ins Kino gehen wolle.
Selber hatte er es sich nicht getraut.

Walter besuchte mich auch schon mal und erzählte aus
seinem Leben, vom Krieg. Er war in Russland, länger
danach in Italien und dann wurde er mit einem alten
Flugzeug nach England ins Gefangenenlager transportiert. Dort lernte er den Major Galland kennen,
diesen großen Piloten. Dieser bildete ihn zu seinem
Burschen aus. Walter sagte, es sei ihm dort gut gegangen, auch hätte er gutes Essen bekommen.

Ich glaube, er ist vor Weihnachten 1945 aus der
Gefangenschaft gekommen. Das kann auch ein biss-
chen früher gewesen sein. Ich hatte schon viel von
Freunden und Bekannten von Walter gehört.

Man hat mir erzählt, dass er da in England wäre. Eine
Nachbarin hat mal von ihm erzählt, als ich im
Krankenhaus wegen meiner Hand-OP lag. Komischer-
weise hat die da so viel erzählt, dass ich schon wusste,
wer er war.

Vor allem erzählte man, dass er als Bursche des Majors
eigentlich eine gute Gefangenschaft hatte. Nicht wie

andere, so schrecklich wie in Russland. Er war auch dort, aber nicht so lange – doch das ist eine längere Geschichte …

Walter bemühte sich sehr um mich, dennoch sagte ich ihm, dass ich nie heiraten würde, das Kapitel sei bei mir abgeschlossen. Er hat mich immer wieder versucht einzuladen. Ich war ja auch in der Clique drin, aber er wollte mich auch mal alleine treffen.
Er war zurückhaltend und er kannte meine Einstellung. Dann meinte er, es wäre doch gar nicht schlecht, wenn wir schon zusammenbleiben, dass wir mal heiraten würden.
Wir hatten aber noch nichts miteinander gehabt wohl haben wir uns schon mal geküsst, aber nicht mehr. Ich sagte ihm auch, dass all dies für mich nicht infrage käme, weil ich mit der Behinderung kein Kind bekommen und großziehen könnte.

Mir gefiel Walter schon – vor allem war er ein ruhiger, lustiger Typ, der schön singen konnte. Er hat so viele verschiedene schöne Lieder gesungen. Sein Spitzname war „Donkey", weil er die Esels-Serenade so gern sang und liebte. Auch hätte man ihn wegen seiner pechschwarzen Haare und seines Typs für einen Italiener halten können. Nur, er war mir ein bisschen zu klein, das war eben nicht so meins. Er war halt knapp so groß wie ich. Ich habe da überhaupt nicht gedacht, dass da irgendwie mal was anderes wäre, als Freundschaft. Ich habe ihn auch oft weggeschickt, weil er gerne mal einen gehoben hatte.

Ich war oft krank und konnte nicht laufen. Er sagte öfter: „Sei doch froh, dass du mich hast." Er würde mich lieben und mir gerne beistehen. Aber ich hatte doch ein bisschen Befürchtungen, habe überhaupt nicht daran gedacht.

Ich bin aber mit ihm zusammen geblieben. 1949 hat er so gedrängt, dass wir heiraten. Ich sagte: „Nein, bitte jetzt noch nicht, wir können uns ja verloben." Dann haben wir uns 1949 verlobt.

Er war ja ein guter Kerl und hat mir immer beigestanden, wenn ich krank war. Er war immer für mich da und hat mir geholfen. Das war eine schöne

Beziehung, wir sind uns mehr und mehr auch näher gekommen. Natürlich hat man sich dann verlobt. Aber ich habe immer gezögert, im Inneren war ich nicht bereit. Ich war nicht verliebt in ihn.

Aber gefreut habe ich mich schon ein bisschen auf ihn, wenn er zu mir gekommen ist. Es war halt nicht meine große Liebe, sondern eine große Sympathie. Es war aber eine sehr gute Freundschaft. Vor allen Dingen, weil er gut zu mir war. Er war ein guter Mensch, ich brauchte ja jemand. Ich konnte ja nicht allein bleiben, da ich immer Hilfe brauchte. Und das wusste er auch.

Die Zeit mit der Clique, wo er auch dabei war, war schön und wir hatten viel gemeinsam unternommen. Aber die Verlobung hatte sich hingezogen, weil ich eigentlich nicht wollte.

Ich war einmal alleine im Urlaub bei meinem jüngeren Bruder Josef in Gundelfingen in Bayern. Walter war da sehr traurig, auch weil er seine Arbeit verloren hatte. Er fühlte sich auf einmal so verlassen.

Es hatte sich insgesamt nach dem Krieg alles verändert, alle mussten ein neues Leben aufbauen, jeder

musste sehen, wie er Arbeit bekommt. Es war ja viel
zerstört. Und von uns Kriegsbeschädigten gab es auch
viele. Auch unsere Clique war nicht mehr so aktiv, dass
man sich jeden Sonntag traf. Viele haben auf einmal
auch Partnerinnen gehabt, waren verheiratet.
Dennoch sind wir alle Freunde geblieben und sind auch
noch bei wichtigen Anlässen zusammengekommen.
Walter und ich waren auch mehr alleine. 1951 sind wir
das erste Mal zusammen nach Gundelfingen gefahren.
Er hat im Gartenhaus geschlafen, ich bei meinem
Bruder. Mein Bruder hatte auch nicht so viel Platz,
er wohnte bei den Schwiegereltern. Wir waren dort
14 Tage zusammen. Es war richtig schön miteinander.
Wir sind mit dem Zug auch einmal gemeinsam nach
Oberstdorf gefahren. Mein Bruder hat mich, als ich
nicht mehr weiter konnte, die Breitachklamm
hochgetragen. Es war alles wunderschön. Danach habe
ich auf einmal meine Tage nicht mehr bekommen.
Aber wir hatten in dieser Zeit gar nicht miteinander
geschlafen.

Sie sagten, dass ich kein Kind bekommen könnte

Hallo mein Sohn Dieter, da bist du ja trotzdem

Eigentlich sollte ich ja gar kein Kind bekommen können. Walter sagte auch, nachdem wir doch mehrmals miteinander geschlafen hatten, und ich keine Tage mehr bekam: „Das kann aber nicht sein." Aber wie ich dann schwanger war, sagte mir der Arzt, ich wäre ja eine normale Frau. Dann habe ich mich damit abgefunden. Ich wohnte ja noch alleine in einem Zimmer auf der Hochstraße bei meiner Tante Anna. Ein 16 qm kleines Zimmer, kein Wasser, keine Heizung, nichts.

Als ich schwanger war, habe ich auch gleich gewusst, ich bekomme einen Jungen, vom Gefühl her. Das war so in mir, als wenn mir das einer sagt, ich bekomme einen Jungen. Der Junge hatte auch schon immer einen

Namen bei uns, wir haben ihn anfangs Toni genannt, obschon wir später nie an den Namen gedacht haben.

Wir haben immer mit dem Kind gesprochen. Es war schon eine schwierige, dennoch von Liebe begleitete Schwangerschaft. Mir war halt oft schlecht, jeden Morgen, bis zur Geburt.

Wenn der Morgen vorbei war, war es wieder gut. Ich habe mich bewegt, bis zuletzt bewegt, und war dankbar, dass ich keine Ängste hatte, dass ich atmen konnte und keine Probleme dabei hatte. Ansonsten war es eine besondere Freude und ich fühlte mich ganz als Frau.

Ich war bei einem Frauenarzt in Neuwied, weil wir nicht verheiratet waren und ich in Andernach noch meine Ruhe haben wollte. Es gab bei dem Frauenarzt eine ganz tüchtige Arzthelferin, die mich sehr unterstützt hatte.

Wir hatten noch keine Wohnung und ich sagte: „Solange ich noch keine Wohnung habe, können wir doch nicht heiraten." Walter wohnte noch bei seinen Eltern und ich war noch in diesem engen, kargen Zimmerchen.

Das war ja kein Zustand für die Gründung einer Familie. Leider habe ich trotz großer Mühe in Andernach nichts finden können. Dann hieß es auf einmal, ich hätte noch Anspruch auf eine Rente aufgrund meiner Behinderung. Ich sagte, „wenn das noch klappen würde, dann könnten wir noch vor der Geburt heiraten." Aber es war 14 Tage vor der Entbindung doch etwas zu eng.

Mein wunderbarer Frauenarzt in Neuwied sagte dann, dass mein Kind wohl am 19. Juni zur Welt kommen würde. Er empfahl mir, 8 Tage vorher schon zu kommen, damit er und die Hebamme mir beistehen könnten.

Jetzt war es aber so, dass der Kleine es eilig hatte und genau 8 Tage vor dem berechneten Tag, nämlich am 11. Juni zur Welt kam. Ich hatte nur davon gehört, wie das so mit der Geburt und einem Baby geht. Leider hatte ich ja keine Mutter mehr, mit der ich mal reden hätte können. Eine Krankenschwester gab mir auch Tipps, was es da vor der Geburt für Vorzeichen gibt. Ich spürte etwas und bin dann mit dem Taxi allein

nach Neuwied gefahren. Habe sogar meine Tasche
getragen und bin ins Rotkreuzkrankenhaus.
Es war eine sehr schwere Geburt. Ich hatte Press-
wehen, es tat sich aber nichts. Zwei Ärztinnen waren
da, sie sagten: „Na ja, wir warten noch, wenn es dann
keine Öffnung gibt, müssen wir einen Kaiserschnitt
machen." Ich habe aber doch mit der Unterstützung
der zwei Ärztinnen mein Kind auf normalem Wege
nach vielen Stunden und furchtbaren Wehen,
nachmittags zur Welt gebracht. Morgens um fünf Uhr
begannen die Wehen und nachmittags um halb fünf
wurde mein Kind geboren. In dem Moment, wo der
Kleine geschrien hat, waren alle Schmerzen vergessen.
Da war ich nur noch glücklich.

Ich hätte nie gedacht, dass ich in meinem Zustand
noch ein Kind bekommen könnte. Ich habe mir
gewünscht, dass es schwarzhaarig, wie sein Vater
wäre, das war er und die Größe und Statur von mir,
lange Beine usw. Das ist alles so in Erfüllung gegangen.

Endlich nach Hause mit meinem Baby aus dem Krankenhaus – und wieder in ein Krankenhaus

Ich musste noch einige Tage im Rotkreuzkrankenhaus mit meinem Baby bleiben. Walter, mit dem ich in der Zwischenzeit verlobt war, hat sich 14 Tage Urlaub geholt, um mich und seinen Sohn zu versorgen. Leider habe ich nach drei Wochen die Gelbsucht bekommen. Ich hatte lauter Gallenkoliken.

Genau an meinem Geburtstag, 2.7.1952 musste ich mit meinem Baby ins Krankenhaus. Hier legte man mein Neugeborenes weiter bei mir an, obwohl ich jeden Morgen Morphium gespritzt bekommen habe. Ich war völlig durch die Gelbsucht und die Spritzen abgestellt und begriff nicht, was da geschieht. Dieter ist sehr sehr krank geworden. Er bekam Ausschlag und Brechdurchfall. Walter kümmerte sich nachts um seinen Sohn, solange er noch Urlaub hatte.

Mein älterer Bruder Heinz kam zu uns und sagte, dass es meinem Kleinen sehr schlecht gehe, er sehr schwach sei und er war besorgt, ob er überhaupt durchkomme.

Man hat sich auch um ihn gekümmert, aber ich war so

schwach, dass ich gar nicht zu ihm kommen konnte.

Im Elisabeth-Krankenhaus in Neuwied wollte man ihn

nicht aufnehmen. Erst als eine Freundin sich da ein-

gesetzt hat und sich mit meinem kranken Kleinen

auf die Treppe setzen wollte, nahmen sie ihn auf.

Walter ist nach seiner Arbeit immer dahin gefahren

und hat mir Bericht erstattet. Auch schickte er jeden

Tag Freunde zum Besuch hin.

Aber über den wirklichen Zustand von Dieter hat er

mir leider nicht die Wahrheit gesagt. Er wollte mich

nicht aufregen, da ich selbst sehr geschwächt war.

Mich konnten die Ärzte nicht operieren, da durch das

Stillen und die strenge Diät, vor allem auch durch das

Morphium mein Herz zu schwach war. Ich war im Bett

nur am Schweben. Der Arzt sagte, dass ich eine

Operation nicht überstehen würde. Ich musste jetzt

erst mal wieder zu Kräften kommen. Aber schlimm und

schwer war für mich vor allem, dass ich nicht zu

meinem Kind kommen konnte. Dann wurde mir doch

erzählt, wie sehr schlecht es meinem Sohn geht.

Ich bin dann panisch geworden und war überzeugt, dass ich jetzt sofort etwas tun muss. Mit letzter Kraft in Begleitung einer Freundin fuhr ich mit dem Bus nach Neuwied ins Krankenhaus. Dort habe ich dann sehr Dampf bei den Verantwortlichen gemacht   und tatsächlich bemühten sich jetzt die Ärzte und Schwestern doch um das Leben meines Kleinen, sie hatten es schon aufgegeben, wollten es einfach einschlafen lassen. Plötzlich fanden sie heraus, was mein Kind bei sich behält. Unglaublich, aber am Ende der Woche konnte ich endlich meinen Sohn wieder in die Arme nehmen und abholen. Dieter wäre sonst gestorben.

Köln und Bruder Heinz

Mein Bruder Heinz kümmerte sich mit um mich und mein Baby. Er sagte zu mir: „Keine Nacht bleibt das Kind hier in dem einen Zimmer ohne Wasser und anderem. Wenn er entlassen wird, ruf mich an, ich komme euch und alles mit dem VW-Bus holen. Bis dass du eine Wohnung hast, bleibt ihr bei mir." So ist es dann gekommen.

Nachdem ich jetzt wusste, was mein Kind auch vertragen kann, hat es endlich zugenommen. Der kleine Dieter ist wieder aufgelebt und ich natürlich wieder mit ihm.

Ich musste dann ein Jahr strenge Diät einhalten. Aber wir fanden doch nicht richtig Ruhe in Köln.
An Weihnachten 1952 hat Walter gesagt: „So geht das nicht weiter, ihr hängt da, ich kann mein Kind und dich überhaupt nicht sehen."

Ich wollte mich aber nicht von meinem Kind trennen, das wäre mir das Allerschlimmste. Dieter hat sehr oft geweint, obwohl er sonst ein ganz ruhiges, braves Kind war. Ich wollte bei ihm bleiben, bis er wieder ganz gesund war.

Mein Bruder, meine Schwägerin und auch deren Tochter kümmerten sich sehr gut um Dieter. Ich wusste, er ist in sehr guten Händen. So habe ich mich dann doch entschlossen, nach Andernach zu Walter zurückzukehren, damit wir eine gemeinsame Wohnung finden und endlich heiraten können. Denn jetzt waren wir ja eine Familie.

Schon im Januar hatten wir Glück bei der Wohnungssuche. Jemand war gestorben und wir haben gar mit Hilfe vom Landrat eine Wohnung bekommen. Endlich waren wir eine Familie mit einer Wohnung! Endlich hatten wir den Kleinen bei uns.

Am 16. Mai 1953, kurz vor dem ersten Geburtstag unseres Sohnes haben wir geheiratet. Wir konnten uns keine Hochzeitsfeier leisten, es reichte uns ein kleiner Imbiss. Aber unser Glück war so groß. Ich kann es gar nicht beschreiben.

Unsere erste gemeinsame Wohnung als Familie

Die Wohnung in der Güntherstraße 25 lag zwar im ersten Stock, aber ich habe es nach allem, was an Schlimmen vorher war, mit Freude gemeistert. Wir hatten sehr schöne, hohe, helle Zimmer.

Dann konnte endlich unser normales Familienleben beginnen. Klar, für mich als Behinderte brauchte ich Hilfe im Haushalt, die wir organisierten. Ich habe gelernt meine linke Hand zu gebrauchen, habe immer wieder geübt, damit ich auch mehr selber machen konnte. Aber eine Unterstützung musste ich bei meiner Behinderung immer haben, zum Sauber-machen sowieso. Das war für mich so ein Glück, endlich Hausfrau zu sein. Der kleine Dieter war so ein braver Kerl. Je größer er wurde, umso mehr hatte er gespürt, dass ich Hilfe brauche und hat es immer, wo er konnte getan, ohne dass ich etwas sagen musste. Ich hatte so Angst, dass mir der Kleine mal fortlaufen könnte, dass er auf die Straße läuft, vor ein Auto. Ich hätte ja nicht nachlaufen können. Ich konnte ihm ja keine Hand richtig geben. Wenn wir zusammen gingen hat er es gespürt und hat sein Händchen immer um meine verkrüppelte Hand selbst gepackt. Er ist mir nie weggelaufen.

Ich habe auch Menschen gehabt, die ihn nachher in den Kindergarten gebracht haben. Mir wäre das alles ja nicht möglich gewesen. Ich war eben immer auf Andere angewiesen.

Dennoch habe ich viel selbst gemacht in der Wohnung. Ich habe gebacken, gekocht und ja, immer und immer ein bisschen mehr noch gelernt. Ich hatte ja auch einen Mann, der sehr häuslich und sehr ordentlich war. So war das eine wunderschöne Zeit. Wir hatten sehr viel Freude mit unserem Sohn und auch immer mehr Freunde.

Ich wollte lange keinen Mann – Freundschaften und Liebe

Erich – meine große nicht gelebte Liebe

Ich war 1942 für acht Tage in Andernach zu Besuch, ich war 17 Jahre. Meine Tante Anna hatte mich eingeladen. Mein Cousin sagte mir: „Was meinst Du, wenn Du nach Andernach kommst, was du hier für Chancen hast. Ich hab schon so von dir geschwärmt, wie toll du aussiehst, und hab Bilder gezeigt. Die sind schon alle scharf darauf, dich kennenzulernen." Auf der Hochstraße war die Wohnung meiner Tante Anna, gleich daneben war das Elektrogeschäft Schneider. Auch mein Onkel war da und mein Cousin hat dort gelernt. Die Jungs sind alle rauf gekommen, um mich kennenzulernen, nachdem mein Cousin so von mir geschwärmt hatte. Und da war auch der Erich dabei und hat sich wohl direkt in mich verliebt. Aber ich mich nicht in ihn. Ich dachte nur, dass er ein sympathischer Kerl ist.

So begegnete ich das erste Mal meiner dann doch großen Liebe. Er war ein junger Bursche und auch 17. Ich hatte aber zunächst keine großen Gefühle für ihn. Ich hatte sowieso kein Interesse so früh eine feste Freundschaft mit einem Mann einzugehen. Er nahm mich einmal mit zu seinen Eltern. Aber ich dachte, der ist nichts für mich. Nach meinem Kurzurlaub bin ich wieder zurück nach Sinzig gefahren. Erich gab aber keine Ruhe, versuchte sich mit mir in meiner Heimatstadt zu verabreden.

Er rief immer wieder an und kam öfter einfach nach Sinzig, wenn er wusste, ich könnte zu Hause sein. Alle 14 Tage hatte ich einen freien Nachmittag, den wollte ich aber immer mit meiner Mutter in Sinzig verbringen. Sie war ja allein. Ich hatte aber ein schönes Gefühl für Erich gehabt.

Anfang des Jahres war in Sinzig immer Kirmes. Es war 1942. Ich war mit meiner Mutter auf der Kirmes, um einem großen Raupenkarussell zuzusehen. Es drehte sich oben auf dem Platz neben der Schule. Ich stand mit meiner Mutter dort und guckte zu. Bei diesem Karussell geht plötzlich so ein Verdeck drüber und alle sitzen dann im Dunkeln. Als wir so dastanden, sah ich auf einmal Erich die Treppen zum Löwendenkmal hochkommen. Ich hab gestrahlt. Er kam zu uns und sagte: „Ich hab gewusst, da ist doch Kirmes." Erich grüßte höflich, ich stellte ihn meiner Mutter vor. Er war ihr direkt sehr sympathisch, sie lud ihn zu einer Tasse Kaffee zu uns nach Hause ein.

Er staunte: „Das Haus ist ja fast so, wie unseres in Andernach."

Ich war natürlich von seinem Lob und seiner Höflichkeit begeistert, meine Mutter auch. Wir haben uns geküsst, er hatte schöne volle Lippen. Er war eben der höfliche Junge, der mir sympathisch war, stellte mir keine Forderungen. Das war für mich überhaupt nur so möglich, um eine Sympathie aufbauen zu können. Denn schon damals wollten zu viele Jungs immer nur das eine. Aber trotz meiner Sympathie für ihn und unseren Küssen war es nicht so, dass ich dachte, dass ich diesen Mann haben möchte. Zudem hatte ich nicht wirklich Interesse und keine Zeit für einen Freund. Ich war immer ein bisschen abweisend gegenüber ihm, denn ich wollte dem Jungen keine Hoffnung machen. Ja, wir haben uns schon mal geküsst, war ja auch okay. Aber ich wollte erst einmal meine Ausbildung abschließen und vor allem auch für meine Mutter in meiner geringen Freizeit da sein.

Er sagte mir einmal: „Wenn mal der Krieg vorbei ist, würde ich so ein Mädchen wie dich schon gern haben." Er hatte sich sehr in mich verliebt, was einfach schön war. Er fragte: „Darf ich denn immer mal anrufen?" Ich nickte, weil ich ja wusste, er macht es sowieso.

Auch als ich nicht mehr in Sinzig war, sondern in Bad Neuenahr als Diät-Praktikantin, rief er mich jede Woche aus Andernach im Hotel Villa Krupp an. Die Chefs schimpften und meinten: „Das geht aber nicht, dass er jede Woche während der Arbeit hier im Hotel anruft." Das ist ja allerhand, sagte ich, ich muss doch angerufen werden können, denn ich durfte ja abends nie weggehen. Das kann man sich heute nicht mehr vorstellen, dass jemand nur alle 14 Tage einen halben

Nachmittag in der Woche hat, um mal zum Friseur
zu gehen. Um 18 Uhr musste ich wieder da sein.
Von 14 bis 18 Uhr hatte ich nur frei.
Erich hat mir auch immer wieder geschrieben. Eines
Tages rief er an und sagte: „Wenn ich Soldat werde,
schreibe ich dir, wann ich mal in Urlaub komme – und
dann verloben wir uns." Ich sagte sogleich: „Wart mal
ab, wir müssen uns ja erst mal richtig kennenlernen,
siehst ja, ich hab überhaupt keine Zeit."

Erich rief eines Tages an, er hätte den Einrückungs-
bescheid, ob ich heute Abend ausnahmsweise doch mal
frei haben könnte. Er wolle sich von mir verabschieden
und möchte mich ins Hotel Stern in Neuenahr einladen. Das haben meine Chefinnen dann doch erlaubt.
Sie hatten eigentlich kein Verständnis für so was.
Ich wollte ihn schon gerne noch einmal sehen und
dachte, er wird Soldat und ist ja wirklich ein netter
Kerl. Wir haben uns dort getroffen und schön gegessen. Dann holte er meine Hand und sagte: „Ich
denke nur noch an dich und bitte, bitte wir schreiben
uns, versprich mir das." Ich sagte: „Versprechen kann

ich Dir nichts, wir versuchen's mal."

Er hat mir wunderschöne Briefe geschrieben, auch meine Mutter hat die alle gelesen. Aber mein Interesse war trotzdem nicht hoch. Meine Mutter war aber ganz auf seiner Seite und sagte: „Guck doch mal rein, was er geschrieben hat. Er ist doch ein netter Kerl. Was schreibt der so schön. Und ich seh ja auch, was du für ein braves Mädchen bist, da hab ich ja dafür gesorgt."

Ja, meine Mutter hatte mich gut und einfühlsam aufgeklärt, was jede Mutter tun sollte. Er schrieb mir immer wieder, dass er sich so freuen würde, zu mir zu kommen, wenn er einmal Urlaub bekommt. Ich wollte mir aber keine Zeit für ihn nehmen. Meine Mutter engagierte sich sehr für ihn, sagte: „Hast du dem Erich endlich geschrieben, dem armen Kerl? Jetzt setzt du dich mal hin und schreibst. Das ist ja unverschämt."

Ich sagte dann: „Ich hab zu tun. Ich geh abends todmüde ins Bett, da kann ich nicht noch Briefe schreiben."

Schorsch

Jetzt war es aber so: Ich hatte auch einen Freund in Ochsenfurt am Main, wo ich im Pflichtjahr war.
Von 1940 bis 1941 war ich dort und hatte Georg, genannt Schorsch kennengelernt. Er wohnte gegenüber der Gärtnerei, war Maschinenbauführer und wollte Ingenieur werden. Der hat mir sehr gut gefallen, war aber schüchtern. Wir sind Händchen haltend gegangen und sind auch mal ins Kino. Wir verabredeten uns öfter mal. Einmal brachte er mich die Treppe hoch. Er gab mir dann ganz schnell einen Kuss und ist die Treppe schnell runter gesprungen, er war auch sportlich wie ich, und gelenkig. Ich hätte mich kaputt lachen können und dachte: „Ist das ein netter Kerl."

Dann meinte er einmal: „Wenn ich Urlaub hab, komme ich mit meinem besten Freund Ludwig dich mit dem Fahrrad in Sinzig besuchen. Ich habe mich schon nach einer Jugendherberge erkundigt." Das hatte er dann auch gemacht. Aber mein Bruder Josef hat schlecht über mich geredet, weil er eifersüchtig war, und nahm mich ständig in Beschlag, als Schorsch zu Besuch kam. Doch Schorsch hörte nicht auf die Bemerkungen meines Bruders, er spürte dessen Eifersucht. In der ganzen Zeit waren wir nicht ein mal alleine, der Schorsch und ich, dass wir uns mal küssen konnten. Erst beim Abschied küssten wir uns an einem Lindenbaum in Sinzig. Sein Freund Ludwig ließ uns etwas alleine und Schorsch hat sich mit drei Küssen verabschiedet. Das ist alles so schön gewesen. Ja, dann hat Schorsch auch geschrieben.

So hatte ich zwei Jungs, die mir schrieben. Schorsch konnte auch phantastisch Briefe schreiben (ich hatte ja noch die Briefe gehabt, Walter muss die alle fortgeschmissen haben).

1944 war es. Schorsch schrieb: „Sind wieder vom Feindkampf zurück." Wegen mir ist er zur Marine gegangen. Er war zunächst bei den Fliegern, ich hab gesagt, ich will einen Marinesoldaten, keinen Flieger. Meiner Freundin Rosis Bruder war Marinesoldat, der sah so fesch aus. Ich sagte zu Schorsch: „Ah, Marinesoldat ist schon toll." Um mir zu gefallen, wurde er nun Marinesoldat. Da war nichts und da lief nichts, wir haben uns nicht gesehen, nur geschrieben.

Aber dann hat er geschrieben, dass er Pfingsten in Urlaub käme und wir könnten uns doch verloben. Dann wären wir doch endlich zusammen und könnten uns näherkommen. Eine Verlobung sei für ihn der Grund, sich Urlaub zu nehmen und zu bekommen. Ich war damit einverstanden.

Naja. Erich war auch im Krieg und hat mir auch immer geschrieben. Er wollte ja auch kommen, wenn ich Urlaub hätte, um mich mit mir zu verloben. Oh je. Mir hat das für den Erich sehr leid getan. Ich schrieb ihm also, dass ich einen Freund hätte, dem ich auch schreibe. Aber ich war ihm ja keine Rechenschaft schuldig, zudem ich mich konsequent verhalten hatte. Dennoch, er war ja ein sympathischer Kerl und ein Freund.

Ich schrieb ihm aber, dass ich mich mit dem Schorsch verloben will. Ich wollte seine Hoffnung nicht länger stärken. Es ist mir sehr schwer gefallen, doch ich war fair. Das geht ja nicht, zwei Männer, die hoffen. Ich musste mich jetzt für einen entscheiden. Der Schorsch war der Schönere, Mutter kannte ihn auch.

Die Verlobung wurde dann in der Sinziger Zeitung angekündigt. Meine Mutter hat gebacken und alles vorbereitet. Sie sagte: „Na ja, wir müssen ihn ja auch mal kennenlernen, der Schorsch hat mir auch immer gefallen." Das war früher so, die Verlobung wurde in der Zeitung bekannt gegeben. Als die Kurgäste in Bad Neuenahr das mitbekommen hatten, gaben sie mir Geschenke.

Zwei Tage vor unserer Verlobung kam ein Telegramm, dass Urlaubssperre ist. Es würde wieder lange dauern, ehe er kommen könne. Ich hab mich aufgeregt. Dann kündigte er an, wenn sie von der Feindfahrt zurückkommen, würden alle unsere Freunde und die Frauen für 14 Tage im Schwarzwald zusammenkommen. Am 15. Oktober sollte das sein.

Ich sagte zu den Kurgästen: „Soll ich Euch die Geschenke wieder geben?" Sie meinten: „Nein, das wollen wir nicht, er kommt ja bald wieder." Aber es kam ja dann ganz anders, am 6. Oktober 1944.

Die Kriegswirren ließen Schorsch und mich nicht mehr zusammenfinden.

Liebesbrief von Erich und unser Wiedersehen in Andernach

Von Erich, dem ich ja sozusagen die Hoffnung genommen hatte, das wir ein Paar werden können, erhielt ich einen wunderschönen Brief. Er wäre viel herumgekommen, aber so ein Mädchen wie mich hätte er nie wieder kennengelernt und würde er auch nie wieder kennenlernen. Er hätte mich immer lieb und würde die Hoffnung nicht aufgeben. Die Liebe wäre so stark bei ihm. Von so etwas hätte er immer geträumt. Ich sei seine Traumfrau.

Der Erich war im Krieg, hatte aber immer mal geschrieben. Er hoffe, dass es uns allen gut geht. Man höre so viel von den Bomben ...

Als ich dann 1945 hier nach Andernach gekommen bin, sah ich, als ich einmal am Gehen lernen war, Erich, wie er die Straße entlang auf mich zu kam. Er war in einem offenen Lager in belgischer Kriegsgefangenschaft. Er war braun gebrannt und seine blonden Haare waren gelockt, ganz hell, wie gebleicht. Ein richtig schöner Mann. Ich dachte, da kommt ein Prinz, dass kann doch nicht wahr sein, dass aus so einem grünen Jüngling, wie ich ihn immer genannt hab, noch unfertig usw., so etwas Schönes wird. Er war halt zu Hause sehr verwöhnt worden, da er von zwei Brüdern, als einziger Sohn geblieben ist. Als ich noch zwei Beine hatte, waren seine Eltern auch von mir begeistert. Und als ich ihn sah, dieses Gefühl hatte ich noch nie ihm gegenüber gehabt, es ging mir durch und durch. Ich dachte, jetzt kommt mein Prinz.

Oh Gott, den Mann hast du aufgegeben und jetzt hast du nur noch ein Bein. Erich hatte schon davon gehört und er wollte mich besuchen kommen. Ja, und dann hat das so bei uns beiden gleichermaßen gefunkt.

Zu Weihnachten 1945 war ich bei Erich ins Elternhaus eingeladen. Die Eltern kannten mich ja noch, als ich beide Beine hatte – ich war damals 17 Jahre. Erichs Mutter hatte das gleiche Essen gekocht, das meine Mutter an ihrem Todestag auf den Tisch gestellt hatte.

Das war Kaninchenbraten und Rosenkohl. In mir
kamen diese Erinnerungen hoch. Ich konnte nicht
essen und bin rausgegangen. Der Mutter tat es, als ich
ihr den Grund erzählte, auch leid, sie wusste das ja
nicht und verstand meine Reaktion.

Ich habe versucht, ein bisschen zu essen. Es war der
25.12.1945 – also ein Jahr nach der Bombardierung
unseres Hauses in Sinzig und dem Tod meiner Mutter.
Ich war Heiligabend schon eingeladen und hatte dort
übernachtet. Die Eltern, vor allem Erichs Mutter,
hatten Angst um ihren Sohn. Sie wussten ja, dass er
mich sehr mochte, ja, wohl liebte, wären aber nie einverstanden gewesen, dass er eine Behinderte heiratet.
Sie hatten nur diesen einen Sohn, einen Jungen hatten
sie verloren, er war der Zwillingsbruder. Verstehen
kann ich es ja irgendwie.

Ich musste ins Krankenhaus zur Operation meiner
Hand. Jeden Tag hat er bei mir am Bett gesessen. Er
wollte mit mir ganz zusammen sein. Doch ich sagte:
„Das würde ich nie wollen, genieße die Zeit. Du wirst

eine gesunde Frau kriegen, die Kinder haben kann und die alles machen kann, was du dir wünschst. Du hast eine Mutter, die dich sehr verwöhnt hat. Zumal habe ich dir ja abgeschrieben." Er meinte, dass er manchmal gedacht hat, ob es wirklich die große Liebe, die er ja schon lange für mich empfunden hat, auch bei mir ist, oder ich ihn nur deswegen liebe, weil ich jetzt das Bein ab habe. Ich war sehr geschockt und sagte: „Das darfst du nie wieder sagen. Ich werde dir beweisen, dass ich mein Leben lang dich lieben werde. Ich werde Dich freigeben. Ich genieße aber noch die Zeit, die wir zwei jetzt miteinander noch haben."

Unsere Liebe war ehrlich und wir wollten auch zu-sammen schlafen. Das war alles 'ne Aktion. Mein Gott, so unerfahren, er und ich. So war das.

Es war wirklich eine große Liebe geworden. Er hat Zither gespielt. Einmal hat er mir ein Lied gemacht. Ich musste dabei singen: „Ich bin ja heut so glücklich, so glücklich, so glücklich, bin ich augenblicklich, so glücklich wie noch nie." Das war so gewaltig und hatte mein Herz ganz genommen. Auf einmal habe ich meine Tage nicht gekriegt.

Wir haben ja öfter zusammen geschlafen. Als ich meine Tage nicht bekam, sagte ich: „Jetzt ist Feierabend." Ich wäre in den Rhein gegangen, wenn ich schwanger geworden wäre. Das hätte ich ihm nicht angetan. Er meinte aber: „Es ist ganz bestimmt nichts passiert, ich weiß es." Er hatte recht, ich bekam dann wieder meine Tage, wir waren aber dann sehr vorsichtig. Ich wusste, dass ich mich bald von ihm trennen, ihn freigeben muss. Ich sagte zu ihm: „Meine Liebe ist so groß, wir suchen dir jetzt eine Frau." Er wollte aber bei mir bleiben. Doch ich sagte ihm, dass ich nicht mehr so mit ihm zusammenbleiben will und auch kein Kind aufziehen könnte. Ich trenne mich jetzt von ihm, aber wir werden immer Freunde bleiben. Meine Liebe wird immer bei ihm bleiben. Er war sehr traurig, sagte aber dann: „Auch meine Liebe bleibt bei dir."

Wir haben nach einiger Zeit überlegt, was es für schöne Frauen es in Andernach gibt. Ich meinte: „Anita Schwab ist sehr schön. Sie wär' doch was für dich. Anita ist Apothekenhelferin, unten in der Paradies-Apotheke. Aber deine Mutter wird ziemlich grollen, die hatte mal was an der Lunge.“

Erich ging ein paar Mal in die Apotheke und meinte
dann: „Ja, ich glaub das wär ein Mädchen, auch so ein
braves wie du, sie ist zwar blond, ich fang mal mit ihr
an. Darf ich sie auch mal mitbringen?“ „Ja, du darfst sie
mal mitbringen.“

Puh! Es hat mir das Herz geblutet, aber es war ja mein
Wunsch, dass er auch eine gute Frau fand. Ich liebte
ihn ja. Aber als sie dann zusammenkamen und
heirateten, hätte ich mit ihr nicht tauschen wollen. Die
Schwiegermutter hatte nur bestimmt. Die Anita musste
dies, Anita musste das. Dann hatten sie zwei Kinder
gekriegt und lebten, wie ich es mitbekommen habe,
zufrieden ihr Eheleben.

Aber wenn Erich mich in der Stadt gesehen hat, egal
wo ich war, er kam sofort zu mir. Als er meinen Sohn
Dieter sah, meinte er: „Siehste, siehste! Ich habe ein
Töchterchen und du hast jetzt einen Sohn.“ Oh, Erich
war so ein ein netter Kerl und gar begeistert von
meinem Dieter. Und immer wieder, wo wir uns

gesehen haben, ob mein Mann Walter dabei war oder seine Frau Anita, immer und überall sind wir zusammengekommen und haben uns riesig gefreut.

Ja, meine Liebe zu Erich war so groß, dass ich verzichten konnte. Ich musste ihn gehen lassen.

Sein Ende war sehr traurig. Sie hatte auch noch einen Sohn bekommen, der aber gestorben ist, was Erich und Anita völlig aus der Bahn geworfen hatte. Das letzte Mal, wo ich Erich gesprochen hatte, war oben im Einkaufszentrum. Er sah nicht gut aus ... erzählte dann, dass er Krebs hätte und gleich wieder zur Chemo fahren müsse.

An Weihnachten vor einigen Jahre spürte ich ganz stark den Wunsch: „Ich möchte so gerne am Haus von Erich vorbeifahren." Wir fuhren dann dort vorbei. Als ich an dem Haus vorbeiging, dachte ich „Mein Gott, hat sich das jetzt alles verändert, der ganze Boden ist anders geworden, das Haus ist mehr nach vorne gerückt."

Walter liest nach den Feiertagen in der Zeitung die Todesanzeige und sagte: „Erich ist tot."

Ich hab geschrien.

Er ist genau an dem Tag gestorben, als es mich so zu seinem Haus gezogen hatte. Nachdem Erich tot war, ist seine Frau Anita einmal auf dem Friedhof an mirvorbei gekommen und hat mir ganz fest die Hand gedrückt. Mit meine glücklichste Zeit war, als ich meiner großen Liebe Erich begegnet bin.

Und als ich mit Walter unsere Familie gründete, begann auch unsere Liebe zu wachsen.

90 Jahre: Was mir besonders wichtig war – und ist

Von klein auf begleiten mich ein Leben lang meine Phantasien, meine Ideen und ein Gefühl von Lebendigkeit, ohne die ich all diese schlimmen Erlebnisse nicht geschafft hätte.

Auch habe ich mich letztlich immer meiner Mutter gefügt, was sie vorgegeben hat. Sie wollte, dass ich eben das lerne, was sie meinte, das gut für mich sei, leider nicht das, was ich wollte. Ich fühlte ja, dass sie mir gut tun wollte, und versuchte mich in jede Lebenslage einzufügen und daraus Freude zu gewinnen. Ich war sehr aufgeschlossen, sehr kontaktfreudig. So war ich halt.

Ich habe lange Freundschaften gehabt, die mir beigestanden haben – und auch ich war für sie da. Oft musste ich in meinem Leben ins Krankenhaus, nicht nur wegen meiner Kriegsverwundungen, sondern ich

hatte auch sonstige schwere Krankheiten, wie
Hepatitis B und habe gar Krebs überstanden. Ich bin
überzeugt, dass ich alles deshalb überstanden habe,
weil ich alle Krankheiten angenommen habe.

Aus Liebe habe ich nach meiner Amputation auf meine
große Liebe verzichtet. Er sollte eine gesunde Frau
heiraten, mit der er auch Kinder haben konnte. Mir
wurde ja von den Ärzten gesagt, dass ich kein Kind
mehr bekommen könne. Das war der Grund. Es war so
eine starke Liebe, die ein Leben lang gehalten hat.
Auch dies konnte ich nur meistern, weil ich wusste,
dass Liebe auch loslassen bedeutet.

Leben kann schön sein, wenn man das Beste daraus
macht und alles annimmt, was man nicht ändern kann.
Wir sollten immer nur das tun, was wir auch ändern
können – oder es lassen, wenn es uns und anderen
nicht gut tut.
Das Wichtigste im Leben ist die Liebe. Liebe geben und
nehmen. Ja, es ist die Freude am Leben, sich an
schönen, an kleinen Sachen zu erfreuen, einfach

zufrieden mit dem zu sein, was man (noch) kann.

Stolz auch darauf sein, was man gar besser kann als andere, ohne sich darauf was einzubilden.

Wichtig ist vor allem, dass man die Ruhe bewahren kann und alles annimmt – und weiß, was es ist.

Was ich vor allem lernen musste, ist, mich nicht mit Gesunden zu vergleichen. Da hatte ich mir anfangs sehr schwer mit getan. Aber, ich begriff nach und nach, das ist jetzt mein Leben, das ich leben muss und da muss ich alleine entscheiden und es auf meine ganz eigene Art leben.

Wenn ich zurückschaue, sind es nicht die Erlebnisse der Kriegswirren, sondern vor allem, viele schöne Erinnerungen, sehr viele Erinnerungen. Was ich nicht zu hoffen gewagt hatte, habe ich doch oft zustande gebracht.

Meine Gegenwart ist jetzt, von einem Tag auf den anderen zu leben, so gut ich kann und dankbar sein, wenn ich morgens wach werde und wieder aufstehen kann. So mühsam es immer auch mit meiner Behinderung und meinem Alter ist. Wenn ich auf bin, gehört der Tag mir.

Natürlich kann ich nicht mehr sehr viel von Zukunft sprechen. Die Behinderung schränkte mich ja von Jahr zu Jahr immer mehr ein. Dennoch, in mir ist noch Hoffnung.

So hoffe ich, dass ich noch eine Weile da sein kann.

Ich habe auch noch Ziele und ich möchte mit meinem Sohn noch länger zusammen sein.

Um „fit" zu bleiben und Kraft zu behalten, mache ich jeden Tag meine Übungen, damit ich immer wieder aufstehen kann. Ich bin in diesen Ritualen schon immer konsequent und täglich ganz eisern.

Für mich ist es sehr wichtig, dass ich aus der Wohnung zumindest einmal pro Woche herauskomme. Hierfür habe ich ja meinen wunderbaren Physiotherapeuten, der mit mir durch die Stadt, vor allem auch am Rhein mit dem Rollstuhl fährt.

Auch brauche ich Menschen, die sich im Alltag um mich kümmern. Mein Sohn hat hier liebe, tatkräftige Frauen gefunden, die sich um mich kümmern – auch er ist, trotz hunderte von Kilometern entfernt, jeden Tag mehrfach im Gespräch mit mir, will wissen, wie es mir geht und was ich brauche. Er besucht mich auch regelmäßig. Ich bin auch dankbar für meine Freundinnen und Bekannte, dass es die gibt, die mich schon zig Jahre begleiten.

Aber eins ist mir arg. Die Wochenenden, wo ich selten Kontakte habe. Doch auch hier engagieren sich jetzt nette Frauen, die mich besuchen.

Angst habe ich, wenn etwas kaputt geht und es ist gerade niemand da. Schlimm wäre es, wenn ich stürze, was schon vorgekommen ist. Aber da ich noch etwas gelenkig bin, habe ich gar hier mir helfen können, um Hilfe zu holen.
Eins möchte ich auf keinen Fall: in ein Heim. Ich habe Angst vor einem Altersheim, weil sie einem die Selbstbestimmung nehmen.

Ich will meinen Mut behalten und aus jedem Tag das Beste machen. Halt das, was ich noch kann. Aber auch mich mal fallen lassen, loslassen, wenn ich merke, es geht nicht. Das musste ich auch erst lernen. Hierzu zählt auch, mal die Fernbedienung vom Fernseher loszulassen und nicht ständig rum zu zappen. Da schimpfe ich öfter mal mit mir und gelobe Besserung. Es war eine schwere Zeit, als mein Mann Walter im Alter so krank wurde, da ich mich auch um ihn kümmern musste und wollte. Wir hatten vereinbart, als er in Rente ging, dass das Wichtigste sei, dass wir zusammen sind, wir nichts planen wollen und uns an unserem gemeinsamen Leben freuen. Aber dann hat der Krebs ihn mir genommen – und ich war alleine. Dennoch muss ich dankbar sein, für die 23 Jahre, die er in Rente war. Wir haben viel unternommen und auch allerlei erlebt. Auch Busfahrten, wie die an den Gardasee und nach Südfrankreich, was ich mir immer gewünscht habe. Walter ist mit 60 Jahren in Rente, mit 83 Jahren gestorben.

Noch spüre ich Lebensenergie in mir, was ich manchmal selbst nicht glauben kann, nach allem, was ich durchgemacht habe. Ich freue mich, wenn ich morgens wieder aufstehen und meine Übungen machen kann.

Da bewundern mich viele, die auch selbst Gebrechen haben, aber leider das nicht machen können, weil sie einfach nicht die Kraft dazu haben, sich selbst Kraft zu schenken.

Ich denke, wenn man Freude am Leben aufgebaut hat und immer wieder sich Gründe zur Freude sucht, schöpft man daraus auch Lebensenergie. Es kommt halt auf den eigenen Willen zu leben an.

„Solange Herz und Auge offen,
sich am Schönsten zu erfreuen,
solange darf man freudig hoffen,
wird auch die Welt vorhanden sein."
Wilhelm Busch
Quelle: Busch Aphorismen, Reime und Sinnsprüche

Agnes, geboren um zu lieben
Nachbemerkung des Sohnes

„Gestern ist Vergangenheit.

Morgen ein Geheimnis.

Heute ein Geschenk.“

Marc Chagall

Die biographischen Notizen meiner Mutter Agnes umfassen ihre ersten zwei Jahrzehnte, von 1925 bis 1945, mit wichtigen Lebensereignissen auf ihrem weiteren Weg in ihr neues Leben.

Es sind die entscheidenden, prägenden Jahre für ihr Leben als Schwerbehinderte. Sie wollte nach ihrem Kriegstrauma und ihrer Verwundung keinem zur „Last“ fallen, wollte vor allem über ihr Leben in ihrer Lebenssituation selbst bestimmen, suchte selbst immer nach Lösungen. Sie gestaltete ihr Leben, so weit es überhaupt ging, unabhängig in ihrer Weise – mit offenem Herzen. Und dies auch heute noch mit 90

Jahren. Ihr Wunsch, nicht in ein Heim zu müssen, ist durch ihre Wohnsituation und aus gesundheitlichen Gründen leider nicht mehr zu erfüllen. Dort, wo sie ihren 90. Geburtstag im Cafe des Seniorenzentrum Marienstift in Andernach feierte, wird sie ein neues Leben beginnen.

Ich bewundere ihren Lebenswillen und ihre Liebe zum Leben und den Menschen. Auch ihr Humor hat viel zur Entspannung vieler Situationen beigetragen. Aber das ist ja bei uns Rheinländern so ...

Natürlich kann es nicht nur Harmonie und Verständnis mit anderen geben. Jeder Mensch ist nun einmal unterschiedlich, anders und nicht alle können immer offen sein, beziehungsweise wollen dies. So musste auch Agnes viele Enttäuschungen einstecken. Wohl so, wie ein jeder von uns. Trotz ihrer Behinderung hat sie vielen anderen Mut gemacht, hat ein offenes Ohr für deren Geschichten und Nöte und versucht, immer wieder zu helfen.

Ja, meine Mutter Agnes ist auch meine Lehrerin; sie hat mich vor allem gelehrt, dass Liebe die einzige

Antwort auf alle Fragen des Lebens ist und das Leben, gleichgültig, was einem widerfährt, gestaltbar ist. Insbesondere auch, sich nicht mit anderen zu vergleichen, da jedes Leben einzigartig, liebens- und lebenswert ist.

Wer den Augenblick lebt, knüpft seine Lebenskette als ein fließendes Lebensband in seiner ganz eigenen Art. Was auch immer Schlimmes uns widerfährt, sollte uns das Heute und das Morgen nicht nehmen. Das Beste kommt erst noch, dieses Lebensmotto habe ich von meiner Mutter gelernt ... und ist auch der Titel eines meiner Bücher.

Denn, Leben ist immer das, was wir selbst heute daraus machen. Morgen ernten wir, was wir heute säen. Das kann gar das Beste sein, ohne unser bisheriges Leben dadurch kleiner zu machen. Aber warum sollten wir uns nicht noch auf etwas Besonderes freuen und neugierig sein. Dafür lohnt es sich, Gutes auch für sich selbst zu tun. Wo ein Wille, da ein Weg! Die Schicksals- und Glücksgöttin Fortuna begegnete mir durch alle

meine Erfahrungen mit meinen Eltern. Ja, wir alle
haben das Lächeln von Fortuna verdient! Glück! Mein
Buch „Das Fortuna-Prinzip" ist auch das Geschenk
meiner Eltern für mein Leben. Von Herzen gebe ich
meine Erfahrungen weiter.

Am 2. Juli 2015 wurde meine Mutter 90 Jahre. 90 Jahre
trotz alledem: Liebe zum Leben, ja, den Willen zum
guten Leben.

Sie wünscht sich, so wie ich, dass ihre biographischen
Notizen einige Anregungen geben, ja, Mut machen,
sich für sein eigenes Leben zu engagieren. Nur so wird
es wirklich ein selbstbestimmtes und erfülltes Leben.

Unsere Generation sollte etwas mehr Verständnis
gegenüber der älteren Generation, die den Krieg
überlebt hat, aufbringen. Sie haben für uns Unvor-
stellbares erleben und erleiden müssen. Schlussendlich
auch mit den Schuldvorwürfen gegenüber einer
Generation, die in dieser Zeit ihr Leben leben musste.
Wer weiß wirklich, wie wir selbst gehandelt hätten?

Auch die alliierten Befreier waren nicht ohne Fehler und haben viel Leid dieser Generation angetan.

Von Herzen danke ich meiner Mutter Agnes und ebenso meinem Vater Walter. Ihre Liebe hat mir den Weg gewiesen, um mein Leben so zu leben, wie es aus mir heraus will. Meine Kunst zu leben, meine Wissenschaft und Kunst, meine Beratungspraxis, meine Bücher und Bilder. Ja, auch meine Rockmusik ließen mir meine Eltern. Meine Mutter hört heute am liebsten Hansi Hinterseer. Ich gönne es ihr!

Meine Mutter zu ehren, kann nur eine Liebeserklärung sein!

Würde die Welt doch endlich verstehen:

Make Love, not War!

Dr. Dieter Mueller-Harju alias Dieter de Harju
Tutzing, im Dezember 2015

Der Autor

... ist Agnes Sohn Dieter ...

Dr. Dieter Mueller-Harju ist leidenschaftlicher Autor und erfahrener Persönlichkeitsberater. In seinen bisherigen Büchern, einer Vielzahl von Artikeln und Buchbeiträgen sowie in seiner praktischen Beratungsarbeit und seinen Kunstwerken vereint er das Wissen und die Erfahrungen als Betriebswirt, Psychologe und Soziologe. Er versteht sich als Brückenbauer zwischen Wissenschaft, Kunst und Spiritualität im Alltagsleben. Im Mittelpunkt seiner Publikationen, seiner Vorträge und Kunstwerke stehen vor allem die Kunst zu leben sowie eine neue Kultur des älter Werdens. Familienunternehmer unterstützt er dabei, dass die Nachfolge auch ein persönlicher Gewinn für alle Beteiligten wird. Dr. Mueller-Harju engagiert sich mit Leib und Seele für das „Schöne". Er ist überzeugt, dass darin und in der Musik die Rettung der Welt liegt. In seinen Büchern stellt er seine Lebenserkenntnisse, Erfahrungen und Lebensphilosophie dar und zeigt, wie die eigenen Sehnsüchte erkannt und das Leben behutsam so verändert werden kann, dass es zu dem wird, wovon man träumt. Als Künstler „Dieter de Harju" bringt er in Malereien und Installationen seine Sicht des Lebens zur Anschauung. Der Autor und Lebenskünstler lebt und arbeitet in Tutzing am Starnberger See.

Weiteres vom Autor

DAS FORTUNA-PRINZIP

Erfüllter leben in Berufs-Lebens-Balance
von Dr. Dieter Mueller-Harju, Sachbuch mit 189 Seiten
als E-Book, TUBUK.digital, Januar 2017, ISBN-13:
9783955950637, Preis: 9,99 Euro

Glück ist kein Zufall!
Leben nach dem Fortuna-Prinzip heißt:
Eigenverantwortung für sein Lebensglück und
Mitverantwortung für eine neue Lebenskultur. Wie
kann man die allseits geforderte Selbstverantwortung
wahrnehmen? Hierzu liefert „Das Fortuna-Prinzip"
Orientierungen und praktische Anleitungen.

Erfahren Sie mehr auf www.tubuk-digital.de